Hospital Sant Joan de Déu: una organización «jirafa»

Claves de la transformación
del centro en un hospital internacional
preservando el valor del humanismo

Av. Diagonal, 662-664
08034 Barcelona
www.planetadelibros.com

Primera edición: diciembre 2025
Depósito legal: B. 22.089-2025
ISBN: 978-84-08-31613-8
Printed in Spain - Impreso en España

PEFC Certificado
Este libro procede de bosques gestionados de forma sostenible
PEFC
PEFC/14-38-00305
www.pefc.es

Hospital Sant Joan de Déu: una organización «jirafa»

Claves de la transformación del centro en un hospital internacional preservando el valor del humanismo

Manel del Castillo
Jordi Juan
Lourdes Campuzano

Planeta

SANTJOAN

DEDÉU

Índice

Más que un hosptal

Jordi Juan

El Hospital Sant Joan de Déu Barcelona es algo más que un hospital. El tópico que se aplica al Fútbol Club Barcelona, vecino con el que comparten distrito en la ciudad, es más que justo en este caso. La historia del Hospital es una bonita aventura, de lucha, sacrificio, audacia, talento y, lo mejor de todo, es que acaba bien. Este libro pretende hacer justicia a esta gran cruzada que ha supuesto transformar un pequeño hospital de una orden religiosa en un centro hospitalario puntero de nivel internacional. Ha sido como un pequeño milagro.

El éxito empresarial del proyecto ha motivado casos de estudio en escuelas de negocios y la admiración general del sector sanitario, pero, sin duda, el valor más importante de este proceso ha sido la humanidad y el compromiso con que se han abordado todos los cambios, desde la cúpula directiva hasta el último de sus trabajadores. Seguramente, sin esta cohesión y sin esa voluntad compartida de evitar el cierre del hospital o su absorción como otra clínica más para personas mayores, no se hubieran alcanzado los objetivos.

El Hospital Sant Joan de Déu Barcelona ha logrado alcanzar una merecida fama de centro de alta calidad y su reputación va más allá de nuestras fronteras. Los familiares de pacientes que hemos tenido la oportunidad de disfrutar de sus servicios guardamos una buena imagen y un grato recuerdo de nuestra experiencia en el hospital. Pero la realidad de cómo este centro ha atravesado momentos especialmente delicados, y de cómo ha tenido que afrontar sus grandes cambios en complejas coyunturas económicas merece toda nuestra atención.

Y la lección que sacamos de este viaje es que muchas empresas y entidades de todo tipo podrían obtener sabios consejos de la estrategia utilizada por la dirección del centro para aplicarla a sus negocios. Es difícil que otros trabajadores sientan tanto los colores de su equipo como lo viven en Sant Joan de Déu, pero muchas veces es necesario que haya un líder como Manel del Castillo, director gerente del centro, que, a base de tenacidad y entusiasmo, contagie a toda la organización que se puede llegar a los objetivos propuestos. Y escuchar que, cuando fallan los ingresos, hay que arriesgarse con nuevas inversiones no es algo nada habitual.

Hubo un día en que los responsables del Hospital se liaron la manta a la cabeza, cogieron la maleta y se fueron por el mundo a explicar las bondades de las terapias que ofrecía el centro. El salto hacia la internacionalización supuso que hoy Sant Joan de Déu sea reconocido como uno de los mejores hospitales del mundo y atienda a pacientes de muchas partes diferentes del globo. Pero en el proceso, hubo que hacer asambleas planta por planta, área por área, para explicar que había que bajarse el sueldo, trabajar menos horas o aceptar expedientes de regulación de empleo para que los números salieran y no se tuvieran que cerrar los servicios de alta complejidad. En este sentido es emotivo leer en el libro las entrevistas de algunos testigos que vivieron aquella etapa. Ver cómo aquellos sacrificios han acabado dando sus frutos.

Es un viaje en el que hubo tensiones, críticas de exceso de riesgo y acusaciones de creerse unos visionarios en un mundo que iba en la dirección contraria, con la máxima de la reducción del gasto como prioridad absoluta.

Las donaciones han contribuido mucho al éxito del Hospital, sin duda. Pero que nadie se llame a engaño, esto ha sido posible por el gran trabajo realizado que ha hecho que muchos antiguos pacientes o familiares de ellos hayan querido devolver al Hospital la gratitud recibida en su día. Es el caso, por ejemplo, de Leo Messi, que nunca ha querido hacer gala ni ostentación de sus ayudas, pero que ha sido siempre fiel al hospital donde fue tratado cuando, siendo un niño, llegó a Barcelona desde su Rosario natal.

En el libro hay otros muchos ejemplos de familiares que incluso han ayudado a crear unidades nuevas para tratar enfermedades complejas como La Casa de Sofia, que desde 2021 ha atendido a más de 600 niños y niñas. Imagínense un espacio que es como un domicilio particular para acompañar al pequeño con cuidados paliativos en sus últimos días, sin necesidad de estar ingresado. O las llamadas salas blancas para desarrollar terapias avanzadas en la última generación de casos de cáncer. O el Hospital Líquido, donde más de 300 enfermos de larga duración están en su casa, y los tratan y hacen el seguimiento desde una sala de control con 45 profesionales pendientes de sus constantes.

En fin, un hospital que introdujo la terapia con animales, el gas de la risa, payasos, y que hasta eliminó el olor a desinfectante de las habitaciones para crear una atmósfera menos hospitalaria. La mejor definición de lo que es hoy el Hospital es el *hall*, que parece más un parque recreativo que la entrada a un hospital.

Sant Joan de Déu es hoy un centro de referencia con más de 3.500 profesionales que no dejan de innovar y avanzar para prestar una mejor asistencia a sus pequeños pacientes. Es un gran orgullo para Barcelona y lo mejor es que su historia se conozca y se divulgue. Esa ha sido nuestra intención.

¿Y las jirafas? Ah, esto lo tendrán que descubrir ustedes leyendo el libro. Manel del Castillo está rodeado de ellas y, seguro que después de descubrir el porqué, verán a este animal de otra manera. Como espero que vean al Hospital y les entusiasme este viaje cargado de compromiso, ternura y tenacidad.

Visión panorámica actual del exterior del Hospital Sant Joan de Déu Barcelona.

Sant Jo
de Déu

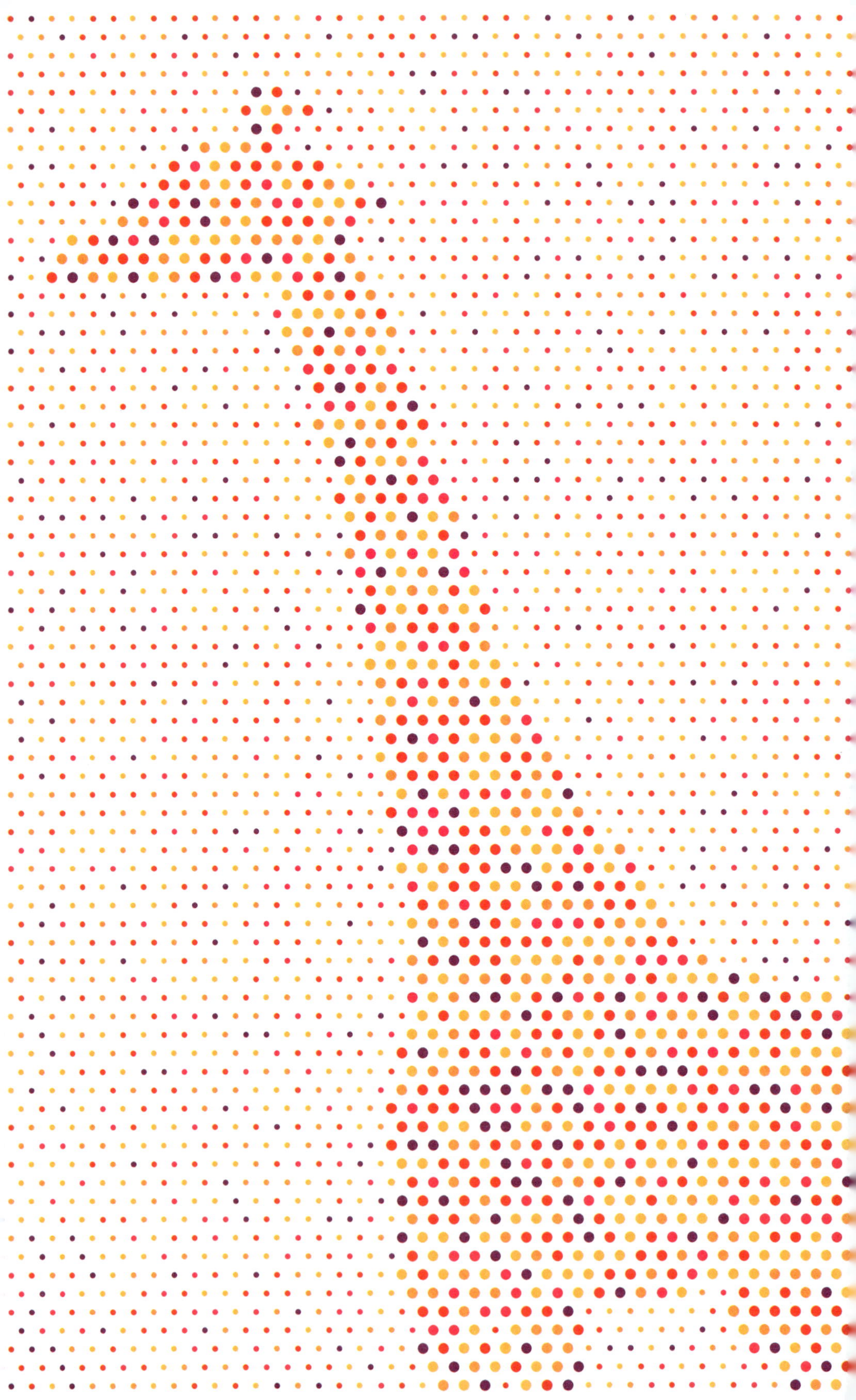

De hospital local a centro de referencia internacional

Manel del Castillo Rey

Era 29 de enero de 2013. Como ya era tradición en el Hospital por esas fechas, habíamos convocado a los trabajadores para hacer balance del año que había tocado a su fin y anunciar los objetivos del nuevo año que acababa de comenzar. Era evidente que la convocatoria había suscitado una gran expectación entre los profesionales, porque me encontraba ante un auditorio lleno en el que no pocos trabajadores seguían la sesión de pie. Había expectación, y mucha preocupación.

Y no era para menos. Desde la crisis económica de 2010, nuestros ingresos se habían visto reducidos en 15 millones de euros y habíamos tenido que llevar a cabo ajustes muy dolorosos: el cierre de dos plantas de hospitalización; la reducción de los salarios hasta en tres ocasiones y de la plantilla en cien personas mediante un plan de bajas incentivadas, y un ERE voluntario mediante el cual algunos profesionales aceptaron reducir su jornada. Era lógico, pues, que hubiera una gran inquietud entre los trabajadores por lo que les pudiera decir aquel día.

En la Dirección también afrontábamos la sesión con preocupación e incertidumbre. Acabábamos de tomar la decisión más trascendental en la historia reciente del Hospital y no sabíamos con certeza qué reacción iba a causar. La crisis económica no parecía tener fin, las predicciones no auguraban una recuperación cercana y, después de más de dos años de ajustes económicos, ya no teníamos más margen para hacer recortes.

En el Comité de Dirección llevábamos meses dándole vueltas y habíamos llegado a la conclusión de que ya no podíamos reducir más los gastos, que la única opción para equilibrar las cuentas consistía en aumentar los ingresos. Pero la gran pregunta era: ¿cómo? ¿Dónde podíamos ir a buscarlos? La Generalitat, que financiaba casi el cien por cien de la actividad del Hospital, entendía nuestra situación, pero no tenía posibilidades de incrementar el concierto de nuestro Hospital ni del resto de los centros que formábamos parte de la red pública.

Después de intensas jornadas de trabajo y debate, y después de haberlo consultado con los hermanos de San Juan de Dios, habíamos consensuado un plan: había que ir a buscar los ingresos fuera de España. Eso era, precisamente, lo que aquel 29 de enero de 2013 me disponía a explicar a los profesionales: que nuestro próximo objetivo tenía que ser trabajar para atender a pacientes con enfermedades complejas procedentes de todo el mundo.

Este objetivo se alineaba con la misión y el propósito de la Orden Hospitalaria de San Juan de Dios y su fundador de atender a los colectivos más vulnerables, pero era un reto gigantesco porque implicaba competir con los mejores hospitales pediátricos de Europa. Nunca habíamos hecho algo semejante, pero algunos de nosotros estábamos convencidos de que era posible. En los años precedentes, habíamos visitado numerosos centros pediátricos de otros países y creíamos tener todo lo necesario para poder competir: unos buenos resultados asistenciales, unas tarifas razonables y una buena ubicación. Era indudable que la operación comportaba muchos riesgos, pero también grandes ventajas. Sin embargo, lo que más nos preocupaba en aquel momento era cómo iban a reaccionar los profesionales.

1973. El primer reto: la viabilidad del centro

No era la primera vez que el Hospital tenía que afrontar un reto de esta magnitud. El Hospital nació y creció gracias a las donaciones de la sociedad civil a lo largo de más de cien años, hasta que el descubrimiento de las vacunas y nuevos tratamientos contra las enfermedades infecciosas, junto con la aparición de la Seguridad Social, pusieron en cuestión su razón de ser.

En aquel momento, el hermano Ciriaco Nuin Eugui, entonces provincial de la Orden de San Juan de Dios, tomó una decisión audaz que cambiaría el rumbo del Hospital y haría posible su viabilidad. Tal como nosotros haríamos décadas después, el hermano Nuin recorrió Europa y Canadá visitando otros hospitales pediátricos y, con la ayuda y visión del doctor Joaquín Plaza Montero, llegó a la conclusión de que era necesario transformar el centro y convertirlo en un hospital de pediatría general que atendiera todos los problemas de salud infantil y a todos los niños, independientemente de su condición social.

Fue una decisión muy valiente que le valió más de una crítica, pero que el paso del tiempo ha demostrado que fue visionaria. Otros centros de beneficencia pediátricos de características similares a las de San Juan de Dios acabaron cerrando o fueron reconvertidos en centros para personas mayores.

El nuevo hospital, que, además de asistencia pediátrica, ofrecía atención a las mujeres embarazadas, fue, desde sus inicios, concertado por la Seguridad Social. Cuando, en la década de los años ochenta, el gobierno de la Generalitat recibió las competencias en materia de sanidad, el Hospital entró a formar parte de la red de hospitales de la sanidad pública o XHUP.[1] En 1973, año de su inauguración en Esplugues de Llobregat, el centro contaba con 300 camas y 543 profesionales en plantilla; atendía 3.784 urgencias anuales, 17.323 pacientes en consultas externas y 5.468 en hospitalización.

2003. El segundo gran reto: básicos o complejos

Cuando me incorporé a la dirección, tres décadas después, el Hospital Sant Joan de Déu Barcelona era ya más que un hospital de pediatría general. Gracias a una alianza clave con el Hospital Clínic, suscrita en el año 1992,[2] el centro había comenzado a incrementar, de una manera progresiva, su grado de especialización. Cada día pasaban por sus consultas más de 800 pacientes, se atendían 318 urgencias, se llevaban a cabo 80 intervenciones y se atendían 11 partos. Y aunque un gran porcentaje de la actividad era todavía de baja complejidad —operaciones de hernia, fimosis, fracturas, ingresos por neumonía y bronquiolitis...—, cada vez atendíamos más pacientes que presentaban enfermedades complejas.

El problema era que el Hospital estaba acreditado como un centro hospitalario de baja complejidad y no percibía de la Administración la financiación adecuada para hacer frente a esas patologías tan complejas. Las cuentas no salían y se acumulaban las pérdidas. Eran pérdidas importantes, que en 2003

Vista general del vestíbulo principal del Hospital Sant Joan de Déu Barcelona en la actualidad.

ascendían a un millón y medio de euros, en un momento en que el Hospital no superaba los 60 millones anuales de presupuesto.

Al problema económico se añadía, además, uno de carácter más existencial. El centro estaba inmerso en un debate interno. No había consenso entre los profesionales sobre la dirección en que tenía que avanzar el Hospital y cómo debía organizarse. Mientras unos eran partidarios de potenciar las especialidades creando servicios específicos con el fin de convertirlo en un centro terciario, otros consideraban que debía mantenerse un gran servicio de pediatría general que integrara todas las especialidades.

Este dilema iba ligado, inexorablemente, a otro: ¿teníamos que aspirar a seguir siendo un hospital básico que atendiera solo a la población infantil de nuestro entorno?[3] ¿O, por el contrario, debíamos ser más ambiciosos e impulsar las especialidades para convertirnos en un hospital de referencia en enfermedades complejas que atendiera a pacientes de toda Cataluña y toda España?

El dilema, pues, que se nos planteaba era: ¿básicos o complejos? Para dirimirlo y poder definir el hospital que queríamos ser, iniciamos un proceso de reflexión que concluyó con una respuesta ambivalente: no queríamos renunciar a nuestra condición de centro básico para la población de nuestro entorno, pero sabíamos que el futuro de un centro monográfico está en la excelencia, en convertirse en un hospital de alta complejidad, referente para pacientes de nuestra zona de influencia y también para los del resto de Cataluña y España.

Y comenzamos a trabajar en ello. El elemento clave de aquel período fue la confianza: la confianza de las autoridades, que comprendieron que era importante transformar el Hospital en un centro pediátrico de referencia, y compensar adecuadamente la actividad de alta complejidad; la confianza de los hermanos de San Juan de Dios y propietarios del Hospital, que aceptaron el riesgo de optar por la complejidad, a pesar de su elevado coste; y, por último, la confianza de los profesionales, que trabajaron y aunaron esfuerzos para avanzar hacia la superespecialización.

Todo este proceso de redefinición del Hospital formaba parte de un plan estratégico que bautizamos con el nombre de Paidhos, palabra que significa «niño» en griego (a la que se ha añadido la «h» de hospitalidad) y que también es un acrónimo que resume los siete rasgos a los que aspirábamos a convertir el Hospital: Próximos, Accesibles, Investigadores, Docentes, Hospitalarios, Abiertos (*Oberts* en catalán) y Solidarios. El éxito de Paidhos, como el de cualquier plan estratégico, se basaba en que fuera un proyecto compartido. Por ello, implicamos en su elaboración al conjunto de la plantilla. Durante semanas, más de 300 profesionales (el 30 % del total) de todas las áreas definieron de manera conjunta hacia dónde teníamos que avanzar.

El plan recogía 50 actuaciones concretas que había que llevar a cabo en el plazo de cuatro años para poder posicionarnos como referentes en el conocimiento, tratamiento e investigación de las enfermedades pediátricas. A su vez, preveía impulsar la alta especialización mediante la creación de unidades expertas en patologías complejas que fueran reconocidas como referentes por el Ministerio de Sanidad. Las primeras siete acreditaciones CSUR (Centros, Servicios y Unidades de Referencia del Sistema Nacional) llegaron en 2008. En 2024, con 36 acreditaciones, nuestro Hospital ya era el centro con más acreditaciones pediátricas de España.

Paralelamente, se definió un plan para desarrollar la investigación aplicada. Si queríamos ser un centro de referencia, teníamos que generar conocimiento, investigar para desarrollar nuevos y más eficaces tratamientos. En el año 2004 se creó la Fundació de Recerca Sant Joan de Déu para impulsar la investigación. En aquellas fechas, el número de nuestras publicaciones en revistas científicas no superaba la cincuentena. En el año 2024, con más de 600 publicaciones anuales en revistas de impacto, Sant Joan de Déu ya era el centro con más producción científica de España y el tercero de ámbito europeo en las áreas de conocimiento pediátricas.

También se creó el departamento de innovación para ayudar a los profesionales a materializar sus proyectos de mejora de la calidad asistencial y encontrar nuevos modelos de organización. Se desarrollaron propuestas muy diversas: desde un palo de gotero que, además de hacer su función, permitía a los niños utilizarlo como un patinete de manera segura, hasta un dispositivo que mide los grados de desviación del ojo en el estrabismo. En el año 2024 se habían desarrollado más de 40 patentes y 6 *spin-off* para llevar al mercado ideas para facilitar la vida de pacientes, familias y profesionales.

Y vimos necesario incrementar el rol docente del Hospital. Nos acreditamos como centro universitario afiliado a la Universitat de Barcelona e impulsamos la formación de posgrado a través de la creación del Aula de Pediatría, que, desde el año 2004, aglutina y potencia las actividades de formación dirigidas a profesionales en el área maternoinfantil. En 2024, 19.000 profesionales de más de 50 nacionalidades pasaron por nuestras aulas, físicas o virtuales, para realizar uno de los más de 400 cursos que impartimos.

Pero nuestra apuesta por la superespecialización comportaba nuevas necesidades. En 2006 tuvimos que emprender un ambicioso plan de obras que acabaría transformando el Hospital en su totalidad en el plazo de diez años. Eran unas obras imprescindibles si queríamos atender más y mejor a nuestros pacientes, adecuar nuestras instalaciones a las exigencias que requerían el tratamiento de las enfermedades más complejas e incorporar nuevas tecnologías.

Los nuevos espacios fueron concebidos con un diseño especialmente pensado para los niños, un entorno amigable que les permita, a pesar de estar enfermos, seguir siendo niños. Fue con este objetivo que, en el ámbito asistencial, en 2004 introdujimos la figura de la *Child Life*, una enfermera y psicóloga que acompaña a los pequeños que van a ser sometidos a intervenciones y les ayuda a comprender lo que les van a hacer reproduciendo el tratamiento mediante un juego simbólico con un muñeco de trapo. La figura de la *Child Life* resulta fundamental en intervenciones complejas y, sobre todo, en pacientes con neurodiversidad, tan frecuentes en nuestro hospital.

De manera progresiva, fuimos implantando otras iniciativas, siempre con una función terapéutica y como parte del tratamiento, para reducir

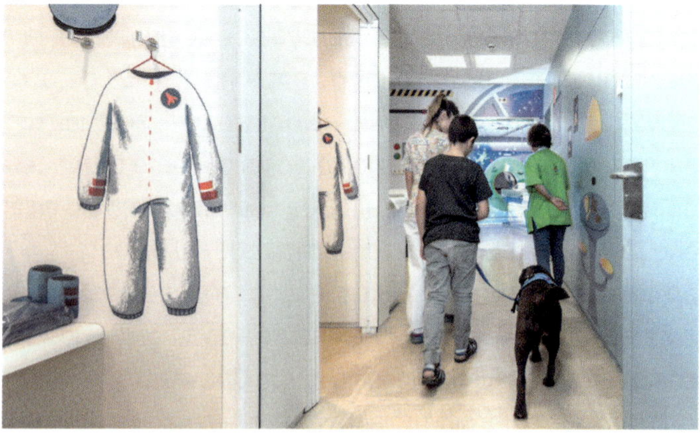

En 2012, el Hospital introdujo las intervenciones con perros para reducir la ansiedad de los niños y facilitar su recuperación.

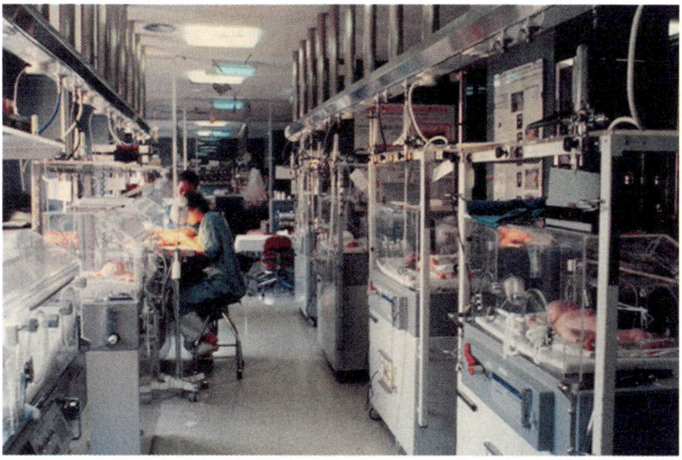

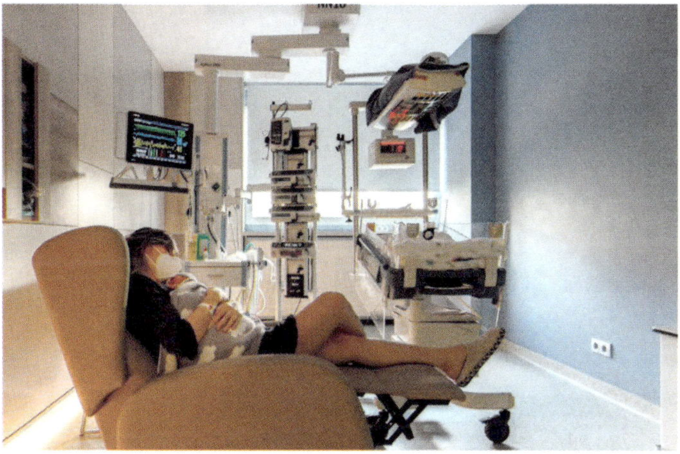

En 2021, Sant Joan de Déu estrenó una Unidad de Cuidados Intensivos Neonatales compartimentada en habitaciones que dejaba atrás el modelo anterior de espacio abierto que se muestra en la imagen superior.

la ansiedad de los niños y facilitar su recuperación: los payasos de hospital, la música, las intervenciones con perros, la arteterapia... A medida que fuimos extendiendo estas iniciativas, que no eran financiadas por la sanidad pública porque no se trataba de actuaciones estrictamente asistenciales, surgió la necesidad de buscar nuevas fuentes de financiación que sufragaran su coste.

Y así fue como en el Hospital, que había nacido y crecido durante más de cien años gracias a las donaciones, que seguíamos recibiendo, aunque en menor medida, decidimos volver a pedir colaboración a la sociedad y comenzamos a potenciar las acciones dirigidas a captar fondos. Creamos un departamento específico con el objetivo de establecer una red de

Sagitari

Para reducir el estrés de los niños sometidos a una resonancia magnética o un TAC, en 2014 un proyecto de ambientación convirtió esta experiencia en un viaje al espacio.

personas, empresas e instituciones que estaban dispuestas a prestarnos apoyo.

Todas las iniciativas que se iban llevando a cabo de acuerdo con el proyecto Paidhos se compartían semestralmente con los trabajadores del centro mediante sesiones como la que haríamos aquel 29 de enero de 2013, con la que empezaba este relato. El proyecto se había definido entre todos, y todos debían tener la posibilidad de conocer cómo evolucionaba para tomar conciencia de que el plan estratégico no era solo una declaración de intenciones, sino un plan de acción que, poco a poco, iba haciéndose realidad. Al Paidhos 2004-2008 le siguió el Paidhos 2008-2012, que continuó avanzando en el camino emprendido, y nos permitió convertirnos paulatinamente en un centro de referencia. En el año 2010, seis años después de iniciado el plan, la complejidad de los pacientes había crecido en un 47 % y la facturación se había incrementado en un porcentaje similar, pasando de 74 a 114 millones de euros.

2010. El tercer reto: la crisis económica

Cuando todo hacía pensar que habíamos acertado en el camino elegido, una tempestad económica nos obligó, una vez más, a dar otro giro de timón. La grave crisis que sacudió el mundo entre los años 2008 y 2014 hizo replantearnos de nuevo nuestro futuro.

A consecuencia de la crisis, los ingresos económicos que percibíamos de la Administración a través del concierto se vieron mermados. Sin embargo, el número de pacientes que atendíamos con patologías de alta complejidad no dejaba de aumentar y, con ellos, nuestros gastos. Adicionalmente, la natalidad cayó en picado, y, a su vez, nuestra actividad de partos. En dos años pasamos de asistir 4.700 partos a poco más de 3.000.

Ahora, viéndolo en perspectiva, creo que fue la tormenta perfecta. Vivimos algunos de los momentos más duros que he tenido como directivo, pero también algunos de los más emocionantes. Y aunque parezca sorprendente, digo que fueron momentos muy enriquecedores porque los profesionales dieron la mejor versión de sí mismos y porque, como organización, fuimos capaces de reaccionar de una forma ágil y adaptarnos a un entorno muy complejo.

Durante los años 2010, 2011 y 2012, y como otros hospitales del sistema público, sufrimos recortes en la concertación con la Generalitat que, en nuestro caso, se materializaron en tres reducciones económicas consecutivas que ascendieron a un total de 15 millones de euros.

El primer recorte lo pudimos afrontar con ajustes salariales y medidas de eficiencia general. Tan pronto como tuvimos noticia de la dimensión del primer recorte, informamos al conjunto de la plantilla y nos sentamos con los sindicatos. En apenas dos semanas conseguimos llegar a un acuerdo para rebajar los salarios y, así, equilibrar la disminución de ingresos. También se creó un comité de eficiencia que analizó partida por partida, y recortó o suprimió todas aquellas que no eran absolutamente imprescindibles.

Sin embargo, cuando llegaron nuevos recortes, nuestros esfuerzos empezaron a resultar insuficientes. En 2011, después de haber llevado a cabo todos los ajustes inimaginables, no conseguíamos cuadrar la cifra de ingresos y gastos. Teníamos dos opciones: o bien dejar de hacer algunas cosas, como cerrar algún servicio de alta complejidad, o seguir haciendo lo mismo, pero con menos coste. Entonces decidimos reunir a los jefes de servicio y plantearles con toda transparencia la situación. Volvíamos a tener el dilema sobre la mesa: ¿básicos o complejos?

La respuesta fue clara: no estaban dispuestos a volver atrás y desandar el camino recorrido para convertirnos en un centro de referencia. Todos veían claro que era lo mejor para garantizar el futuro de la organización. Nos pidieron dos semanas para analizar el presupuesto de cada servicio y regresar con una propuesta.

Fue emocionante ver el grado de implicación y compromiso de los profesionales con la institución en un momento tan complejo. Con sus equipos, acordaron un ERE voluntario para disminuir los costes. Un centenar de médicos aceptaron voluntariamente dejar de venir a trabajar un día a la semana, con la consiguiente rebaja de su salario, pero con la garantía de que al cabo de dos años podrían reincorporarse a la jornada completa. Gracias a esa medida, conseguimos equilibrar las cuentas sin cerrar ningún servicio de alta complejidad. En definitiva, se mantuvo el proyecto gracias al esfuerzo y el compromiso de los profesionales.

Tres años después del inicio de la crisis, en 2013, con esfuerzo y compromiso no bastaba. La tormenta parecía no tener fin. La actividad compleja seguía aumentando y las reducciones de plantilla y salarios no eran suficientes para equilibrar la cuenta de explotación. El dilema «básicos o complejos» continuaba sobre la mesa.

No podíamos seguir reduciendo gastos, sencillamente porque no había dónde hacerlo. Todo lo que se podía recortar, lo habíamos recortado ya en los dos años anteriores. No podíamos seguir bajando los salarios, que ya eran para algunos colectivos un 13 % inferiores al inicio de la crisis. Ya no quedaba otra opción, ahora sí, que cerrar algún servicio de alta complejidad, o conseguir incrementar, por alguna otra vía, los ingresos.

Los presupuestos de la Generalitat estaban congelados y las comunidades autónomas del resto de España trataban de restringir a su vez sus gastos limitando el número de pacientes que enviaban a centros de fuera de su comunidad como el nuestro. La única opción que nos quedaba, por tanto, era explorar fuentes alternativas de ingresos. Y ahí saltó la pregunta: ¿Podríamos atraer a pacientes de otras partes del mundo que necesitaran un tratamiento altamente especializado para su enfermedad? ¿Acaso no formábamos parte de una organización con vocación internacional?

La pregunta no tuvo una respuesta fácil. La internacionalización suponía iniciar un camino de gran complejidad y algunos miembros del comité de dirección eran reticentes a emprenderlo. Y tenían argumentos fundamentados para ello. Necesitaríamos inversión, conocimiento del mercado y tiempo para ver los primeros resultados, en un momento en que el dinero escaseaba y el tiempo apremiaba.

Otros miembros del comité, en cambio, estábamos convencidos de que era factible, que no había ningún motivo para que no vinieran pacientes. Simplemente era necesario que nos diéramos a conocer. Teníamos buenos resultados clínicos, nuestros costes estaban muy ajustados y Barcelona era una ciudad conocida y bien comunicada. Estábamos tan convencidos que, al final, conseguimos convencer al resto del equipo directivo, y también a los hermanos y propietarios del centro, de que había que internacionalizar el Hospital.

2013. El cuarto reto: la internacionalización del Hospital

Compartimos la decisión con toda la plantilla aquel 29 de enero de 2013. La reacción de los profesionales fue, como en otras ocasiones, emocionante y

Sesión del 29 de enero de 2013 en que la dirección del Hospital informó a los trabajadores de su decisión de internacionalizar el centro.

propia de un grupo humano altamente comprometido con el centro y con su profesión. Aunque con lógicas inseguridades, los profesionales aceptaron el nuevo reto, aun sabiendo que les iba a suponer más trabajo y, sobre todo, más esfuerzo para adaptarse a nuevas culturas y lenguas.

Desde el mismo momento en que optamos por la internacionalización, tuvimos que introducir cambios importantes en nuestro día a día. Si queríamos atraer a pacientes de todo el mundo, teníamos que seguir trabajando aún más para ser referentes. Pero ya no podíamos limitarnos a hacerlo solo en España. Teníamos que hacerlo también a nivel mundial, viajando, firmando alianzas, incorporando instrumentos de marketing y muchas otras medidas, comunes en otros sectores empresariales, pero que hasta la fecha nosotros no habíamos utilizado. Fue un trabajo intenso, pero apasionante.

Con la hoja de ruta definida, nuestras primeras actuaciones se dirigieron a obtener el reconocimiento internacional. Fruto de esta labor, en los años siguientes el Hospital fue acreditado como miembro de 21 de las 24 redes de referencia europeas (ERN),[4] una acreditación que concede la Unión Europea a los hospitales que tienen un mayor grado de excelencia en patologías complejas. Estas acreditaciones, además de ser importantes por el prestigio que conceden a los centros en el ámbito internacional, constituyen una valoración externa e independiente que nos sirvió internamente para refrendar la calidad de nuestros servicios y profesionales.

En ese sentido, buscamos acuerdos de colaboración y alianzas estratégicas con otros hospitales pediátricos de Europa. Para ello, impulsamos la creación de la ECHO (European Children's Hospitals Organization) con el objetivo de compartir experiencias y conocimiento con los otros grandes centros de excelencia europeos.

Y tuvimos que priorizar. No podíamos comenzar apostando por todos los servicios a la vez. Decidimos centrar todos los esfuerzos en un número limitado de especialidades: cardiología, neurociencias, oncohematología, ortopedia, medicina fetal y neonatología, y enfermedades raras. Potenciamos estas especialidades en un momento en que hacíamos contención en todas las restantes. Esa decisión, aun teniendo toda la lógica, no fue fácil de aplicar. Lo conseguimos explicando a los profesionales, sobre todo a los menos beneficiados por esta medida, que otros hospitales internacionales también centraban sus esfuerzos en las especialidades que tenían más capacidad de atracción de pacientes.

Fue imprescindible desarrollar una política mucho más activa en la búsqueda de talento con perfil internacional. En este sentido, nuestra historia nos lo puso fácil. En el año 2013 se celebraban los cuarenta años de la puesta en marcha del nuevo hospital en Esplugues y el inicio de un proceso de relevo generacional en la plantilla. Aprovechamos esta circunstancia para detectar nuevo talento interno y para captar profesionales de renombre internacional en aquellas especialidades que creíamos que podían atraer a pacientes de todo el mundo.

Pero lo más importante era que vinieran pacientes. Sabíamos que muchas familias buscan atención sanitaria fuera de su país, pero ¿cómo podíamos llegar a ellas? En 2013 creamos el SJD International Department y encargamos un plan de marketing en el que analizamos las clásicas 5P (*Product*, *Price*, *Place*, *Promotion* y *Purpose*). Era un área de la gestión que habíamos estudiado en las escuelas de negocios, pero que nunca pensamos que tendríamos que aplicar en un hospital perteneciente a la red pública.

Y comenzamos a darnos a conocer. En primer lugar, modificamos la web, para centrarla en el paciente, y la tradujimos a siete idiomas para que quienes quisieran obtener más información sobre nosotros la consiguieran fácilmente. A renglón seguido, empezamos a viajar. Había que establecer, desde cero, acuerdos con organizaciones muy diversas: aseguradoras, empresas que hacen de intermediarios entre pacientes y hospitales (*medical travel agencies*), gobiernos, fundaciones y ONG que ayudan a financiar tratamientos complejos. El objetivo: conseguir que nos conocieran y confiaran el tratamiento de sus pacientes más complejos.

Al mismo tiempo, intensificamos los proyectos de formación e intercambio de conocimiento dirigidos a médicos de otros países. El Aula de Pediatría resultó ser una herramienta muy útil para que profesionales de todo el mundo, que venían a formarse en nuestro centro, actuaran como prescriptores nuestros en los casos especialmente difíciles que no podían ser tratados en sus países de origen.

La atención internacional supuso un reto importante de adaptación a las necesidades de los pacientes. Atender a niños y niñas venidos de todos los lugares del mundo, con culturas, religiones e idiomas diferentes, no solo nos obligaba a traducir la señalización del Hospital y nuestros documentos a numerosos idiomas, sino también a repensar los procedimientos, impulsar el departamento de experiencia del paciente, crear e incorporar nuevos perfiles profesionales —como gestores de casos o *case managers*— y un sinfín de cambios que nos han ayudado a desarrollar aún más nuestros valores basados en el humanismo.

El proceso de internacionalización ha sido un largo camino —muchas de estas acciones nos han llevado años— y no ha estado exento de dificultades, pero en 2014, un año después de iniciar el proyecto, ya recibíamos diez peticiones de pacientes internacionales cada mes, y cerrábamos el año con equilibrio económico y una facturación internacional de 1,8 millones. Diez años después, en 2024, recibíamos más de diez peticiones cada día y la facturación superaba los 35 millones.

Cada día hay una media de 140 pacientes procedentes de más de 100 países, unos pocos ingresados y la mayoría en tratamientos ambulatorios o en consultas de segunda opinión.

La apuesta, aunque arriesgada, ha dado sus resultados y los más importantes no han sido los económicos. Como institución sin ánimo de lucro con vocación de atender a todos los que lo necesiten, siempre ha tenido unas tarifas claramente inferiores a las de otros centros internacionales y ha trabajado por establecer acuerdos con gobiernos, aseguradoras y ONG para la financiación de los tratamientos (lo que ocurre en el 82 % de nuestros

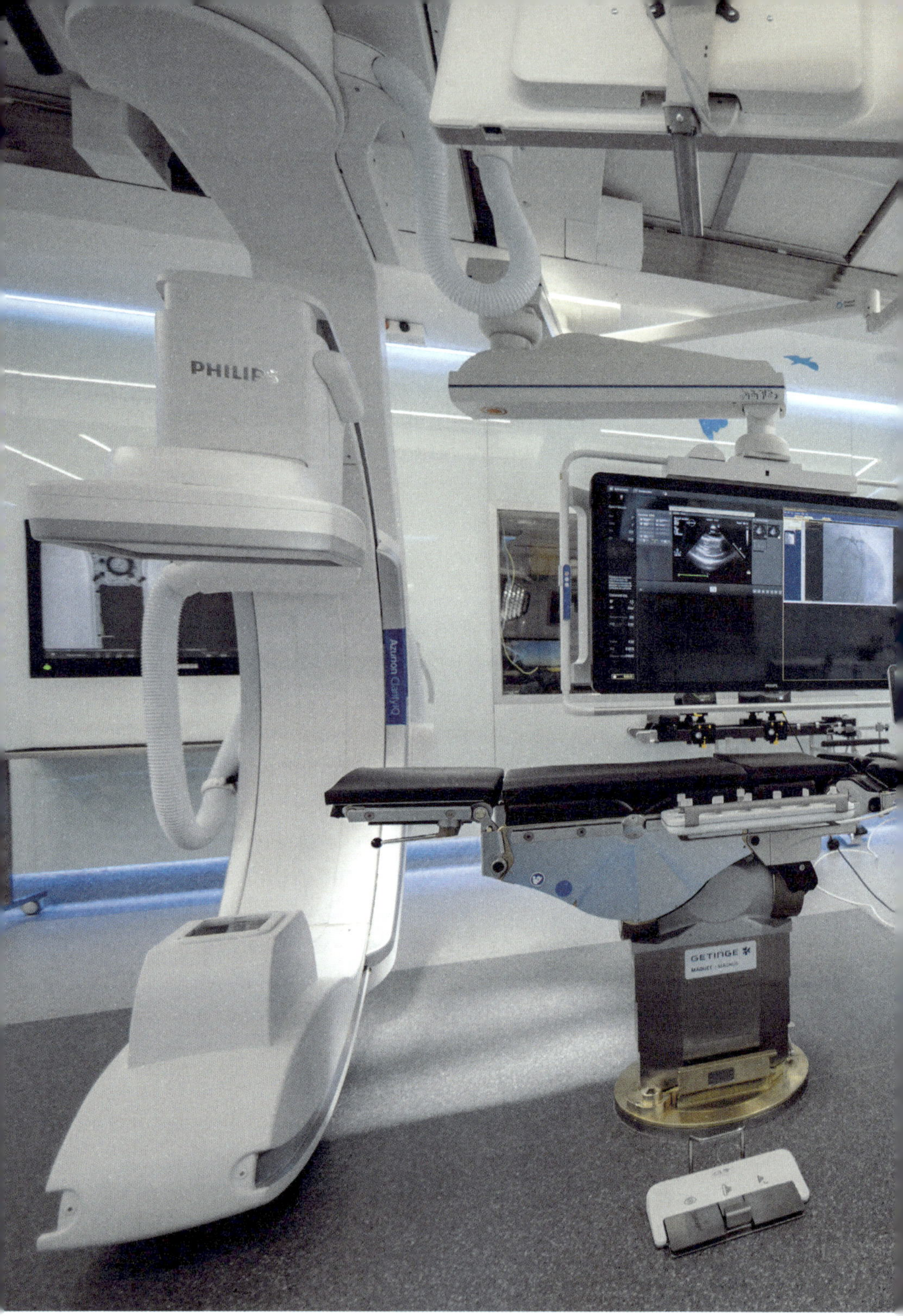
PHILIPS
Azurion Clarity IQ
GETINGE
MAQUET

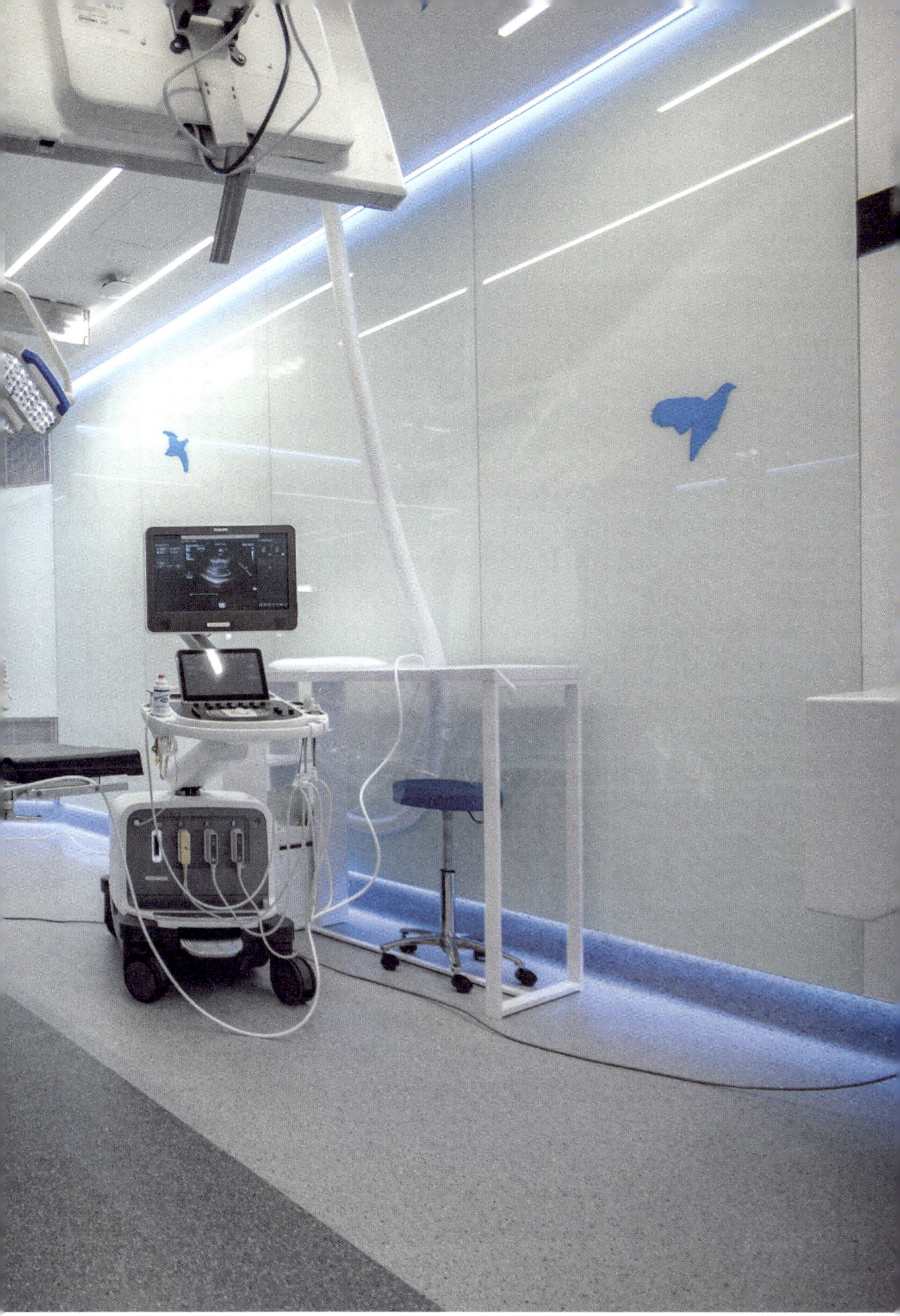

El nuevo Bloque Quirúrgico dispone de salas de operaciones dotadas de tecnología avanzada, como un arco híbrido, una resonancia magnética o un TAC intraoperatorio.

pacientes). Y, aun así, aunque el margen es pequeño, la internacionalización ha contribuido de manera clara a la estabilidad económica del centro y, sobre todo, ha favorecido la concentración de pacientes altamente complejos, lo que es fundamental para conseguir una mayor experiencia que favorezca la investigación y la capacidad de captar profesionales de alto nivel.

2023. El quinto reto: hacia un centro de medicina de precisión

Veinte años después de iniciar el camino de la alta complejidad, nos hemos convertido en el centro con más actividad pediátrica de Cataluña y España, y el tercero en tamaño en el ámbito europeo. Y eso es debido a la gran cantidad de pacientes que viene de fuera de nuestra área de influencia buscando una atención sumamente especializada, pero también una atención humanista en la forma de cuidar y curar.

Queríamos ser un hospital de alta complejidad y lo hemos conseguido. Pero superar un reto nos ha conducido a otro. Ahora tenemos un número muy importante de pacientes complejos. En la actualidad, atendemos a más de 33.000 niños con lo que se conoce como enfermedades raras. Son niños que requieren un seguimiento muy exhaustivo, que tienen que ser visitados con frecuencia por distintos especialistas, y que consumen muchos recursos. Aunque estos pacientes constituyen el 12 % de los que atendemos, generan el 67 % de los ingresos en la UCI, el 47 % de las visitas y el 56 % de nuestros gastos.

Para hacer frente a los retos que implica atender de manera adecuada a estos pacientes, tenemos que reinventarnos, una vez más. Con ese objetivo, hemos impulsado el proyecto Únicas, que nace para dar una respuesta global a los niños con enfermedades raras, acelerar su diagnóstico, mejorar su tratamiento y garantizar que tengan acceso a estos tratamientos sea cual sea su lugar de residencia y, siempre que sea posible, sin tener que desplazarse gracias a la creación de una red de hospitales. Este es nuestro reto ahora: la atención personalizada a pacientes altamente complejos.

Porque, si Sant Joan de Déu nació hace más de ciento cincuenta años para atender a los niños más vulnerables del siglo pasado, los niños enfermos pobres, ahora necesita seguir creciendo y transformándose para asistir a los niños vulnerables de hoy.

2025. El Hospital hoy: más que un hospital, una red de servicios

Hemos trabajado mucho a lo largo de estos años para ser un hospital especializado en la alta complejidad e internacional, pero también para continuar siendo un centro de referencia en nuestro entorno. Con ese espíritu, y sobre todo con la vocación de cubrir necesidades no cubiertas y atender a los más vulnerables, en las últimas décadas el Hospital ha ido extendiendo sus brazos a lo largo del territorio catalán y ampliando su acción más allá de sus paredes.

Quizá una gran parte de la población lo desconoce, pero hoy Sant Joan de Déu está presente, de una u otra manera, en una gran parte del territorio catalán. En ocasiones, gestionando directamente equipamientos; en otras, dando apoyo a otras instituciones.

Además del Hospital, en la actualidad nuestra institución gestiona cinco centros de salud mental infantojuvenil y tres hospitales de día en las provincias

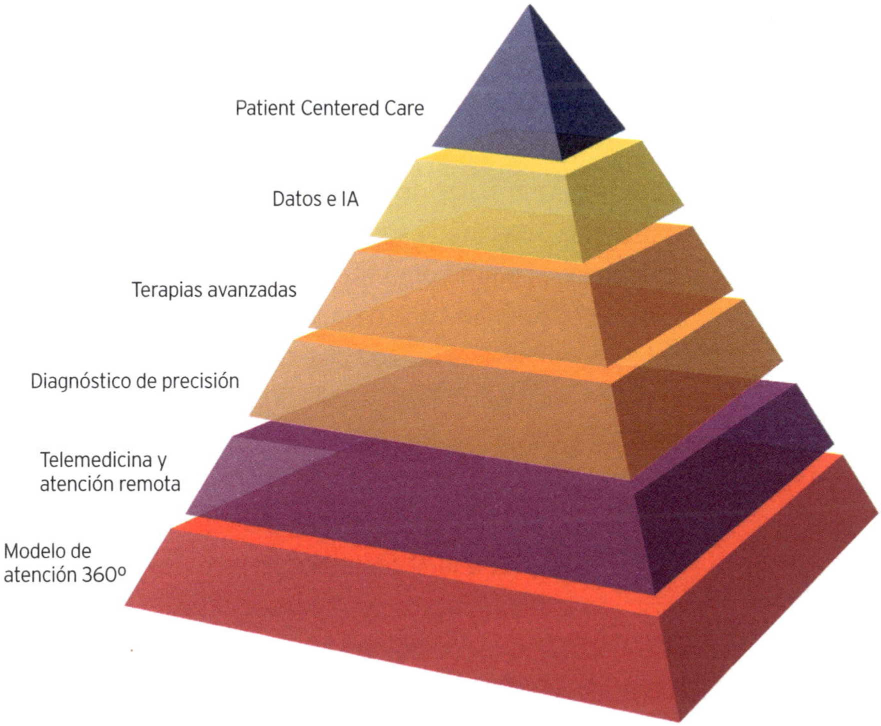

Pilares del proyecto Únicas.

de Barcelona y Tarragona.[5] También prestamos atención urgente a la población infantil del área metropolitana a través de tres centros de urgencias de atención primaria (CUAP) en Barcelona, l'Hospitalet y el Prat de Llobregat, y ofrecemos asistencia pediátrica especializada en el Centro de Atención Pediátrica Integral de Barcelona o CAPIBE, situado en la calle Numancia. Esta red o complejo de equipamientos se completa con un centro de desarrollo y atención precoz (CDIAP) en Esplugues, y otro dedicado a los trastornos del aprendizaje en la calle Urgell de Barcelona.

Asimismo, damos apoyo y establecemos alianzas con otros hospitales y centros sanitarios catalanes que, por falta de pediatras u otros motivos, tienen dificultades para ofrecer una atención especializada a su población infantil de referencia. Nuestros especialistas se desplazan periódicamente a Berga, Vic, Manresa, Martorell, Mataró y Andorra para visitar a pacientes de estos territorios y evitar que sean ellos los que se tengan que trasladar. Solo en los casos más complejos, que requieren una intervención o tratamiento muy especializado, tienen que venir al Hospital.

Con esta misma filosofía, hace unos años impulsamos el proyecto Pediatría de los Pirineos para paliar la falta de estos especialistas que se daba en algunos territorios de Cataluña. Para atraer a profesionales a estas zonas y conseguir fidelizarlos, ideamos un modelo innovador que les pudiera resultar atractivo: la posibilidad de entrar a formar parte de una cooperativa que ofrezca una atención integral, tanto primaria como especializada, a la población infantil del territorio. Nosotros participamos como socio estratégico; les ayudamos en la capacitación de los profesionales que trabajan, y asumimos y tratamos los casos más complejos. La iniciativa ha sido un éxito y, en la actualidad, ya está implantada en el Alt Urgell y el Pallars, y en el primer caso, no solo para la atención pediátrica, sino también para la atención obstétrica.

Los niños vulnerables son hoy muy distintos de los que atendía el Hospital en sus inicios. Y tienen necesidades distintas. Hoy, gracias a los avances de la medicina, los niños con enfermedades complejas viven más, pero a veces presentan graves discapacidades y requieren muchos cuidados.

Pensando en ellos, nació La Casa de Sofia. Se trata de un sociosanitario o centro de atención intermedia concebido para niños con enfermedades minoritarias y crónicas muy complejas, o que se encuentran en situación de final de vida. Es un centro único en España que brinda una atención importantísima y

Recepción y control de enfermería de La Casa de Sofia, equipamiento pionero que ofrece atención intermedia a niños con enfermedades raras y crónicas muy complejas o en situación de final de vida.

esencial: ofrecer un entorno donde los pacientes puedan recuperarse de un procedimiento médico hasta que estén estables y puedan regresar a casa. Un lugar también donde las familias puedan recibir formación y acompañamiento en los cuidados que sus hijos necesitan.

La Casa de Sofia es un espacio donde las familias pueden sentirse como en casa mientras sus hijos se recuperan; también reciben la capacitación y acompañamiento necesarios.

En La Casa de Sofia se ofrece, además, lo que llamamos «respiro familiar». Las familias de estos niños tienen muchas dificultades para encontrar quien cuide a sus pequeños cuando ellos no pueden, porque a menudo se alimentan por sonda, tienen convulsiones... A las familias que se encuentran en esta situación les ofrecemos el respiro familiar que les permite ingresar a su hijo o hija durante dos o tres semanas. Así, pueden operarse, realizar gestiones o incluso llevar de vacaciones a sus otros hijos, que, en ocasiones, nunca han podido hacerlas con sus padres debido a las necesidades del hermano enfermo.

Otro de los colectivos más vulnerables de hoy son los jóvenes con trastornos de salud mental graves y un entorno social desfavorable (familias desestructuradas o que, sin serlo, no pueden hacerse cargo de sus hijos). Por eso, en Sant Joan de Déu ideamos un nuevo modelo de atención que busca ofrecer una esperanza de futuro a estos chicos para evitar que, al llegar a la edad adulta y ya sin la protección y tutela de la Administración, caigan en el mundo de la delincuencia.

Así nació el programa Acompanya'm (Acompáñame). Se trata de una unidad terapéutica educativa residencial formada por cinco apartamentos cuidadosamente diseñados, cada uno con capacidad para cinco o seis jóvenes, donde los profesionales trabajan con ellos, mediante un sistema de disciplina positiva, con el fin de que en el futuro puedan reincorporarse a la sociedad. Los resultados son alentadores. Desde 2018, año en que entró en funcionamiento Acompanya'm, hasta finales de 2024, se han dado 136 altas, chicos

Cada apartamento del programa Acompanya'm está concebido con un diseño especialmente cuidado y acoge a cinco o seis jóvenes con trastornos de salud graves.

que han podido regresar con sus familias o han sido acogidos en un centro residencial para menores de la DGAIA. Ha sido un hito importante porque antes de Acompanya'm, estos chicos permanecían en centros de acogida hasta su mayoría de edad y con un pronóstico de futuro vital muy desfavorable.

A menudo, cuando cubrimos una necesidad, surge otra. Y eso ha ocurrido, precisamente, con Acompanya'm. Algunos de los jóvenes que son dados de alta no pueden regresar con su familia o no pueden ser acogidos en un centro de la DGAIA porque han llegado a la edad adulta. Pero tampoco son lo bastante autónomos como para independizarse. Pensando en ellos hemos impulsado, con la ayuda de fondos de la Unión Europea, un nuevo proyecto que hemos bautizado con el nombre de Post-acompanya'm. Se trata de un entorno domiciliario asistido donde estos jóvenes pueden vivir temporalmente, recibir una atención especializada y acompañamiento de educadores y profesionales con experiencia en salud mental.

Hoy somos más que un hospital: somos una red, una comunidad, una causa compartida. Cada nueva necesidad nos exige una respuesta, cada reto nos invita a innovar y cada niño vulnerable nos recuerda por qué existimos. Estas son las fuerzas que nos impulsan a seguir construyendo el futuro.

Notas

1. La XHUP es la red de hospitales de Cataluña, tanto públicos como privados concertados por el Servei Català de la Salut, que forman parte del sistema sanitario público. Gracias a esta red, la ciudadanía puede recibir atención hospitalaria sin coste en los centros incluidos, independientemente de quién sea el propietario del hospital.
2. El Hospital Sant Joan de Déu Barcelona mantiene, desde 1992, una sólida alianza con el Hospital Clínic que abarca marcos de colaboración en el ámbito asistencial, docente, de investigación e innovación.
3. El Hospital Sant Joan de Déu Barcelona es centro de referencia para la población infantil de la Barcelona izquierda, el Baix Llobregat, el Alt Penedès y el Garraf.
4. Las ERN o European Reference Network son redes creadas por la Comisión Europea que conectan hospitales y equipos médicos altamente especializados de toda Europa para tratar enfermedades raras o complejas que requieren conocimiento y experiencia muy específicos.
5. Los CSMIJ están situados en Garraf, Granollers, Mollet, Vilafranca del Penedès y Vilanova i la Geltrú. Los hospitales de día, en los tres primeros municipios.

Un centro de todos y para todos

Entrada al SJD Pediatric Cancer Center de Barcelona, centro de referencia mundial en cáncer infantil inaugurado en 2022.

La transformación. La organización jirafa

Manel del Castillo

Mirando hacia atrás hemos intentado entender cuáles han sido las claves que han hecho posible transformar tan profundamente una organización como la nuestra. Este ejercicio de reflexión no solo nos ha servido internamente para comprender nuestra trayectoria, sino también para que la transformación del Hospital Sant Joan de Déu Barcelona se haya incorporado como caso de estudio en algunas escuelas de negocio. Ello nos ha obligado a identificar aquellas enseñanzas que trascienden lo particular y que, en términos académicos, podríamos denominar una *teaching note*: aquello que resulta extrapolable y útil para otras organizaciones.

Las razones que explican este cambio no se pueden reducir a un único factor, sino que tienen que ver con diferentes dimensiones que se han ido entrelazando con el tiempo. Algunas provienen de las características de la propia organización, de su fórmula jurídica, que le confiere una gran capacidad de adaptación, o de los valores que la sostienen. Otras se relacionan más directamente con los comportamientos de los profesionales, con su compromiso, su compasión y modo de relacionarse.

Todos estos factores los hemos agrupado en siete elementos que comparten una misma inicial, la letra C. Son las siete C que resumen y definen nuestro modelo organizativo. Un modelo al que hemos llamado la organización jirafa.

¿Por qué la jirafa? Porque es un animal muy singular, permanente fuente de inspiración, que se ha convertido en metáfora de nuestro modelo organizativo. De ella hemos aprendido a tener una mirada amplia, como le permite su gran altura; a ser flexibles, como lo es su poderoso cuello; a ser colaborativos y pacíficos, como refleja su modo de estar, y, finalmente, a ser compasivos, como nos inspira su gran corazón. De ahí nacen las siete C que presentamos a continuación como claves de nuestro modelo organizativo y de nuestra transformación.

1. La Causa

La jirafa, por ser el animal más alto de la naturaleza, dispone de una mirada larga que le permite anticiparse, orientarse y ver más lejos. En las organizaciones, esa mirada elevada representa la capacidad de mantener la causa siempre presente, el propósito último que trasciende el día a día. Para nosotros, esta causa ha sido clara y constante: cuidar y curar de forma humanista a las personas más vulnerables para contribuir a una sociedad más justa. Todo lo demás —planes estratégicos, innovaciones organizativas, alianzas, proyectos de crecimiento...— solo tiene sentido en la medida en que conecta con esta misión.

¿Cómo hemos conseguido que esta causa no quede como una declaración simbólica, sino que impregne de verdad a la organización? La respuesta tiene dos pilares fundamentales. El primero es la estrategia. Cada uno de los planes estratégicos que hemos impulsado —desde el proyecto Paidhos hasta el Singularity— ha sido concebido y evaluado en función de su coherencia con la causa. No se trata de añadir eslóganes a un documento, sino de construir un rumbo compartido que siempre se vincule al «para qué» de nuestra existencia.

El segundo pilar es la comunicación interna. Una causa solo se convierte en cultura cuando se comparte y se vive colectivamente. Por eso, hemos puesto tanto empeño en explicar, escuchar y volver a explicar. Cada nuevo profesional que se incorpora a la organización recibe no solo información sobre su puesto, sino también sobre la misión y los valores que nos guían. Los encuentros periódicos —los llamados «cafés con la dirección»— permiten un diálogo cercano entre el equipo directivo y los profesionales de cada área, donde se escuchan las preocupaciones y proyectos de los equipos, y a su vez se explican los grandes retos del Hospital.

A ello se suman las comparecencias anuales de la dirección ante toda la organización, en la que presenta el estado del proyecto común, y el envío de cartas semestrales que refuerzan el mensaje con transparencia y proximidad. Todo este entramado convierte la causa en un relato vivo y presente en cada reunión, en cada servicio y en cada profesional, hasta el punto de que recientemente hemos creado el área de Cultura y Comunicación Interna.

Gracias a esta combinación de estrategia clara y comunicación constante, la causa no ha sido nunca un adorno, sino un hilo conductor que nos ha permitido orientar decisiones difíciles, sostener la motivación en momentos de crisis y mantener la cohesión en un contexto de cambios acelerados. En definitiva, la causa es la primera clave del código jirafa: una mirada amplia y elevada que da sentido a cada paso del camino.

2. La Capacidad y flexibilidad

La jirafa tiene el cuello más poderoso del reino animal. Está formado, como el de todos los mamíferos, por solo siete vértebras, pero de un tamaño desproporcionado que le confiere una gran fortaleza. Al mismo tiempo, estas vértebras están unidas por articulaciones esféricas que le otorgan una flexibilidad extraordinaria, única en un cuello de semejantes dimensiones. Esa combinación de robustez y adaptabilidad es la metáfora que inspira la segunda clave de nuestra transformación: la capacidad y la flexibilidad.

Es importante, obviamente, tener una causa clara, pero resulta imprescindible disponer de la capacidad para llevarla a cabo. La fortaleza estructural garantiza consistencia y continuidad, mientras que la flexibilidad permite adaptarse a un entorno cambiante y aprovechar las oportunidades que surgen. En nuestro caso, esa capacidad se ha expresado de dos formas complementarias.

En primer lugar, desde el punto de vista externo, nuestro hospital es una entidad sin ánimo de lucro, gestionada dentro del marco del derecho privado, pero que forma parte del sistema público. A diferencia de otros centros gestionados directamente por la Administración pública, esta fórmula de gestión pública indirecta nos confiere una gran autonomía para tomar decisiones en ámbitos clave como la contratación, la remuneración o la organización interna. Esa autonomía ha sido decisiva para avanzar en direcciones que de otro modo habrían resultado inviables. Por ejemplo, la internacionalización. Llegar a acuerdos con países como Emiratos Árabes habría requerido, en un hospital de titularidad pública, la intervención del ministerio o incluso de organismos diplomáticos. En nuestro caso, la flexibilidad jurídica de la entidad lo hizo posible y fácil, mostrando cómo la fórmula organizativa es en sí misma una fuente de capacidad.

En segundo lugar, está la flexibilidad interna, aquella que surge de la propia cultura de la organización. A lo largo de nuestra historia reciente, hemos demostrado una capacidad de adaptación constante a contextos imprevistos. Durante la crisis económica, afrontamos ajustes que implicaron redistribuciones salariales y reorganización de plantillas, medidas no previstas en los planes estratégicos iniciales. Posteriormente, nos internacionalizamos y hoy estamos inmersos en un proceso de transformación orientado hacia la medicina de precisión, que tampoco habíamos anticipado en los planes previos. Cada uno de estos movimientos refleja la misma cualidad: la organización ha sabido reinventarse, modificar su rumbo y crecer en direcciones nuevas sin perder su esencia.

La combinación de capacidad estructural y flexibilidad adaptativa ha sido, por tanto, una de las claves de nuestra transformación. Igual que la jirafa puede sostener su cuello poderoso y, a la vez, moverlo con agilidad para alcanzar alimento o defenderse, nuestra organización ha sabido mantenerse sólida en sus principios y flexible en sus estrategias. Esta tensión creativa entre fortaleza y adaptación define nuestro código jirafa y explica gran parte de nuestra trayectoria.

3. La Compasión

La jirafa es el mamífero terrestre con el corazón más grande. Lo necesita para bombear la sangre hasta su cerebro, situado a más de seis metros de altura. En nuestra organización, ese corazón inmenso se traduce en la tercera clave del código jirafa: la compasión. Pero no hablamos de una virtud paternalista ni de una actitud pasiva, sino de algo mucho más exigente: empatía en acción. Compasión significa escuchar de verdad, comprender en profundidad y, sobre todo, actuar en consecuencia.

En nuestro hospital, la compasión se concreta en dos dimensiones principales. La primera es la experiencia del paciente. Escuchar activamente a las personas que atendemos nos ha permitido identificar sus necesidades reales, más allá de lo clínico, y reorganizar los procesos para darles respuesta. Para ello, hemos incorporado metodologías avanzadas de *patient experience* y *customer experience*: encuestas sistemáticas, *focus groups*, *shadowings* (seguimiento de un paciente en todos los contactos que tiene durante una visita al hospital) y dinámicas tipo «guerrilla» que nos ayudan a trazar el *journey* del paciente, detectar sus «puntos de dolor» y rediseñar la atención para poner la persona en el centro. Escuchar no es un trámite; es el punto de partida para transformar la organización desde la perspectiva de quienes más importan.

La segunda dimensión es el humanismo en la atención, que hemos concretado en el concepto de Hospital Amic. Partimos de una premisa sencilla: un niño nunca olvida su hospitalización, y nuestro reto es que ese recuerdo sea lo más positivo posible. Para lograrlo, hemos definido lo que llamamos las cuatro P.

La primera P corresponde a *Parents*: los padres deben estar siempre presentes, ya sea en planta, en la UCI o en el quirófano, porque la seguridad emocional es tan importante como la clínica. La segunda es *Painless*: un hospital sin dolor, con programas específicos de monitorización y prevención para que los procedimientos sean lo menos traumáticos posible. La tercera es *Play*: aunque estén ingresados, los niños deben poder seguir jugando, porque el juego es parte esencial de su bienestar y recuperación. Y la cuarta es *Personalisation:* adaptar protocolos y circuitos a cada paciente, entendiendo que detrás de cada diagnóstico hay una historia única y unas necesidades particulares.

En conjunto, estas dos dimensiones —la experiencia del paciente y el humanismo activo— son las que dan contenido real a la compasión. No se trata de un ideal abstracto, sino de prácticas concretas que impregnan la organización. Igual que la jirafa depende de su enorme corazón para mantenerse erguida, nuestra organización depende de la compasión para mantenerse en su propósito. Sin este «corazón grande», el resto de los elementos del código jirafa perderían su sentido, porque lo que nos guía, al final, no es solo la eficiencia o la innovación, sino el compromiso de cuidar y curar con humanismo.

4. El Conocimiento

La jirafa es el animal que menos duerme: apenas cuatro horas al día. No pretendemos tener líderes o profesionales insomnes; sino despiertos. Despiertos en el sentido de estar atentos a lo que sucede en su entorno, capaces de captar lo nuevo, de apostar por el conocimiento, la innovación y la investigación; de transmitirlo, mejorarlo y generarlo.

En nuestro Hospital, ese espíritu de estar siempre alerta se ha traducido en una apuesta decidida por el conocimiento. Por un lado, a través de la formación y el aprendizaje. No solo formamos a profesionales externos, sino también a los nuestros, a través del Aula de Pediatría, que cada año capacita a más de 20.000 profesionales y docentes de todo el mundo. Creemos firmemente que la mejor manera de apostar por el talento es dedicar esfuerzos y recursos a la capacitación y el crecimiento continuo de nuestros equipos. En ámbitos tan complejos y escasos como el trasplante de médula ósea infantil o la neurocirugía pediátrica, la posibilidad de acceder a formación muy especializada y personalizada se convierte en un recurso poco accesible fuera de un entorno como el nuestro.

El segundo gran eje es la investigación y la innovación. La transformación del Hospital no se entendería sin la voluntad de generar nuevo conocimiento: desde la participación en ensayos clínicos y el desarrollo de terapias avanzadas, hasta proyectos pioneros como el Hospital Líquido, que busca llevar la atención más allá de las paredes físicas del Hospital gracias a la telemedicina y la comunicación digital con pacientes y familias.

Creemos que una de las claves profundas de esta transformación ha sido precisamente esa actitud de curiosidad permanente, muy ligada a esa condición de la jirafa de estar siempre despierta. Una cultura que convierte el conocimiento —su generación, su transmisión y su aplicación— en una de las señas de identidad de nuestra organización.

5. La Cooperación

La jirafa es un animal herbívoro y pacífico, que no tiene enemigos naturales. Ni siquiera el león, su depredador potencial, se atreve a atacarla: una sola patada de la jirafa puede resultar letal. Esa mezcla de serenidad y fortaleza hace que conviva de manera armónica con su entorno, sin necesidad de competir agresivamente.

Este modelo de relación inspira nuestra manera de entender la cooperación. Profesionales que hacen las cosas fáciles, que se apoyan y se protegen entre ellos. Esa cooperación se articula en dos ámbitos complementarios. En el plano interno, a través del modelo CO-RE, basado en la confianza y la responsabilidad: confianza radical y responsabilidad real. Esto se traduce en una organización muy plana, en la que los proyectos se desarrollan y se gestionan de forma descentralizada, porque preferimos apostar por la confianza más que por el control. La confianza, además, es más eficiente: reduce la necesidad de mecanismos costosos de supervisión y permite liberar energía para la innovación y la creatividad.

En el plano externo, la cooperación se manifiesta en las alianzas. No entendemos nuestra misión como una carrera competitiva, sino como un proceso de colaboración con otros para avanzar juntos. Y es precisamente ahí donde reside nuestra fuerza: cuando cuentas con profesionales de gran valor —por su conocimiento, compromiso y compasión— que, en lugar de competir, cooperan entre ellos y con otras organizaciones, el resultado es una institución imbatible.

Por eso, para nosotros la cooperación significa trabajar desde dentro con confianza y responsabilidad, y hacia afuera con alianzas estratégicas, siempre con un propósito común: no ser los mejores, sino ofrecer lo mejor a nuestros pacientes.

6. El Compromiso

La jirafa es un animal que siempre permanece de pie, incluso cuando duerme. Esa firmeza, esa capacidad de mantenerse erguida ante cualquier circunstancia, se complementa con otra característica singular: su extraordinaria presión arterial. Una jirafa mide más de seis metros y necesita una presión de casi 300 milímetros de mercurio —mientras que en la mayoría de los mamíferos es de 120— para bombear la sangre hasta su cerebro. Esa combinación de estar siempre de pie y de sostener una presión tan alta nos inspira la metáfora del compromiso: la capacidad de mantenerse firmes, de resistir en las dificultades y de dar lo mejor de uno mismo por la organización.

En nuestro hospital, el compromiso se traduce en una de las señas más reconocibles de identidad: el altísimo grado de implicación de nuestros profesionales. Las encuestas que realizamos cada dos años muestran niveles de compromiso superiores al 75 %, cuando en la mayoría de las organizaciones de nuestro entorno la media ronda el 40 %. Ese diferencial explica, en gran medida, nuestra capacidad de afrontar transformaciones profundas.

El compromiso se sostiene en dos pilares fundamentales. El primero es el propósito y la coherencia: nadie puede comprometerse de verdad si no lo hace con una causa relevante y coherente. Los valores y el propósito no son palabras, son hechos, y solo si se traducen en realidades tangibles logran fidelizar el compromiso de las personas.

El segundo pilar es el cuidado de los profesionales. Aquí entran en juego elementos como el salario emocional, el banco de horas que permite disponer de tiempo protegido para formación o proyectos de innovación, o el acompañamiento en el desarrollo profesional.

Y, sobre todo, el papel de los mandos intermedios: ellos son los grandes artífices del compromiso. Las personas llegan a una organización por un propósito, pero muchas veces se quedan —o se marchan— por su jefe. Por eso, apostamos por jefes con estilo jirafa: con mirada amplia, firmes pero serenos, generadores de confianza y acompañamiento.

Gracias a este compromiso, hemos podido afrontar situaciones muy complejas: desde crisis económicas con reducciones salariales hasta cambios organizativos profundos como la internacionalización. Nada de ello habría sido posible sin la fuerza y la implicación de nuestros profesionales, que son, en definitiva, los verdaderos protagonistas de nuestra transformación.

7. Caer y levantarse. La capacidad de rectificación

La jirafa es un animal que literalmente nace cayendo. Su llegada al mundo supone una caída de más de dos metros de altura, y, sin embargo, en pocos segundos, es capaz de levantarse y ponerse en pie. Pocos animales en la naturaleza caen desde semejante altura y se levantan con tanta rapidez. Esta imagen nos inspira lo que entendemos como la séptima C: la capacidad de caer y levantarse, de rectificar y aprender con rapidez.

En nuestra organización no pretendemos ser los más listos, pero sí ágiles a la hora de reconocer un error y corregirlo. Esa cultura se concreta en dos grandes ámbitos.

El primero es la política de calidad y mejora continua. Desde hace más de diez años hemos revisado sistemáticamente nuestros procesos, grandes y pequeños, con un modelo propio que denominamos EMC^2. Inspirado en la fórmula de la energía de Einstein, lo reinterpretamos como la fórmula de la excelencia en el Hospital: Excelencia igual a M de método (*Lean* y eficiencia en procesos), C de conocimiento (incorporar siempre la mejor evidencia clínica), y C de cliente, es decir, el paciente y su experiencia. Este triple enfoque —método, conocimiento y paciente— nos permite mantener una orientación permanente hacia la calidad y hacia la excelencia en cada proceso asistencial.

El segundo gran ámbito es la seguridad clínica. Partimos de una convicción clara: errar es humano. Cada año realizamos más de medio millón de actos asistenciales, y es inevitable que se produzcan errores. Por eso, hemos implantado una política activa de seguridad, con más de 50 responsables distribuidos en toda la organización para la detección y análisis positivo de los incidentes. No se trata de una política punitiva, sino de acompañamiento: de entender por qué se produjo un error, aprender de él y apoyar a quien lo ha cometido.

En conjunto, esta doble aproximación —la calidad basada en la mejora continua y la seguridad clínica entendida como un aprendizaje colectivo— refleja bien nuestro espíritu de jirafa: una organización capaz de caer, pero de levantarse siempre más fuerte, aprendiendo y mejorando en cada paso.

En definitiva, estas siete claves que hemos descrito bajo la metáfora de la jirafa resumen el tipo de organización que somos y que queremos seguir siendo. Hay tres aspectos que conviene subrayar.

Primero, no surgieron de un diseño previo, sino que han sido fruto de un análisis *a posteriori*: una manera de comprender cómo nos hemos ido transformando y qué factores lo han hecho posible.

Segundo, todo el proceso de conceptualización está atravesado por un esfuerzo deliberado de poner nombre a las cosas, de buscar iniciales, metáforas o acrónimos que ayuden a dar sentido y a comunicar, porque estamos convencidos de que la comunicación —que bien podría ser la octava C— es un elemento imprescindible en cualquier proceso de transformación.

Y tercero, este modelo explica nuestra propia trayectoria, pero al mismo tiempo configura una forma de entender las organizaciones. Sin pretender convertirse en un documento académico, creemos que puede ser un elemento de inspiración para otros centros que busquen transformarse de forma profunda y duradera.

Los actores

Muchas personas han contribuido a transformar el Hospital Sant Joan de Déu Barcelona en lo que es hoy, un centro de referencia mundial. Este libro ha querido dar voz a algunos de los profesionales que vivieron el cambio desde dentro para que el lector pueda tener una visión más poliédrica de la transformación que ha experimentado el Hospital, para hacerse una idea de cómo lo vivieron cada uno de ellos desde su posición. Lamentablemente, solo son unos pocos. Darles voz a todos habría sido materialmente imposible. Vaya desde aquí nuestro agradecimiento a todos.

Manel del Castillo

Director gerente del Hospital Sant Joan de Déu Barcelona

Jordi Juan

Al entrar en Sant Joan de Déu, no tengo la sensación de estar en un hospital. Ante mis ojos diviso un amplio y colorido vestíbulo donde los pequeños se entretienen correteando bajo un túnel de arcos de color o deslizándose por un tobogán. Se percibe desde el primer segundo que este es un hospital singular, y no solo en su apariencia, sino en otros muchos aspectos.

Manel del Castillo, el profesional que lo dirige desde hace más de veinte años y que llegó a Sant Joan de Déu después de desempeñar diferentes cargos directivos en instituciones sanitarias de Cataluña y Baleares, me recibe para hablarme sobre ello y sobre la gran transformación que ha vivido el centro en las últimas décadas.

Sant Joan de Déu es una *rara avis*: un hospital propiedad de una orden religiosa concertado por la Generalitat. ¿Es un hospital público o privado?

Es un hospital de titularidad privada que forma parte de la red pública. En Cataluña el SISCAT o Sistema Integrado de Salud de Cataluña está integrado por 66 centros hospitalarios, de los cuales ocho pertenecen al Institut Català de la Salut; 22 son de titularidad pública, y 36, de entidades de la sociedad civil como la nuestra. Son fundaciones y entidades del tercer sector que hace tiempo nos acreditamos para formar parte de esta red y que funcionamos con un modelo de concierto. Todos estos hospitales reciben una financiación en función de su actividad, complejidad y resultados, y prestan asistencia gratuita a todos los pacientes con tarjeta sanitaria que les corresponde por área de influencia. En conclusión, somos un hospital de la red pública, aunque de titularidad privada.

Si tuviera que destacar una característica especial que hace este hospital diferente del resto, ¿cuál sería?

Una combinación equilibrada entre ciencia y humanismo; no sé si es lo que nos hace diferentes, pero sí que

es lo que nos identifica. Apostamos por el máximo nivel científico, pero siempre garantizando una atención humanista, que es nuestra señal de identidad. Incluso la tecnología es, para nosotros, una herramienta que nos permite ofrecer una atención más personalizada.

En los últimos veinte años el Hospital ha experimentado una gran transformación que le ha llevado a convertirse en uno de los centros pediátricos de referencia en España y en el mundo. Fue una crisis la que lo llevó a ello...

Sí, las crisis pueden ser una oportunidad, y en nuestro caso, claramente, lo fue. Si no hubiera sido por esta crisis, nunca nos hubiéramos planteado ir a buscar pacientes a Moscú, por ejemplo. Fue una decisión difícil y controvertida, que incluso generó diferencias dentro del equipo de dirección, pero que al final se demostró acertada.

La decisión no fue fácil e intuyo que llevarla a cabo tampoco lo fue.

No, pero fue una época interesantísima y apasionante en la que aprendimos mucho. Recuerdo que tomamos la decisión en enero de 2013 y al mes siguiente viajamos a Emiratos Árabes para visitar por primera vez a las autoridades sanitarias de aquel país. Allí nos llevamos la primera sorpresa.

La persona que nos recibió, la directora de la agencia de sanidad en Abu Dabi, de Barcelona solo conocía la clínica Barraquer. Entonces nos dimos cuenta de que no nos conocían en el ámbito internacional, más allá de los hospitales con los que teníamos alianzas en Europa y Estados Unidos. Y entendimos que no teníamos ninguna posibilidad de atraer pacientes si no hacíamos un esfuerzo tremendo de marketing para darnos a conocer.

Pero a la vez, también descubrimos que hay centenares, miles de pacientes que cada año se mueven de un país a otro buscando los mejores tratamientos. Y que cada país es un mundo, que en cada zona la derivación de pacientes funciona de manera distinta.

¿De qué manera?

Por ejemplo, en Rusia y en todos los países del Este, donde hay una clase media relativamente importante y un sistema sanitario público deficiente, existen agentes que se dedican a identificar estas necesidades asistenciales y buscan los centros que pueden cubrirlas para ofrecérselos a las familias.

En otros países, como Emiratos Árabes, en cambio, eso no funciona así. Allí se negocia directamente con los Estados. Y en Latinoamérica, la vía para ofrecer nuestros servicios y llegar a los pacientes es a través de la prescripción de los médicos del territorio, que son los que aconsejan a los pacientes adónde ir.

La humanización, el «océano azul» del Hospital

¿Por qué deciden venir a Barcelona cuando hay tanta oferta en el mundo? ¿Qué ofrece Sant Joan de Déu respecto a otros centros como el Boston Children's, el Necker de París o el Bambino Gesù?

Hay otros hospitales en el mundo que tienen un nivel de excelencia, desde el punto de vista técnico, comparable al nuestro. Pero, con el tiempo, nos hemos dado cuenta de que lo que más valora la gente no es solo nuestra capacidad técnica, sino también nuestra forma de cuidar y curar.

No éramos muy conscientes de ello hasta que nos presentamos y ganamos un concurso convocado por Emiratos Árabes. Tradicionalmente, este país enviaba a sus niños afectados de enfermedades graves a diferentes hospitales europeos. Desde hacía años atendíamos pacientes de Emiratos, pero en el año 2017, el gobierno decidió convocar un concurso para concentrar los pacientes en unos pocos centros y, después de un proceso de selección que se prolongó seis meses, nos eligieron.

Cuando fui a la embajada, en Madrid, a firmar el acuerdo que nos reconocía como centro de referencia para Emiratos, le pregunté al subsecretario del ministerio de aquel país por qué nos habían otorgado esta acreditación. Su respuesta me sorprendió. Me dijo: «Ustedes no son mejores técnicamente que otros grandes hospitales europeos. Son buenos, están en el máximo nivel, pero no son mejores que otros. Les hemos dado esta acreditación por la dignidad con la que tratan a nuestras familias, algo que no hemos encontrado en otros sitios».

Fue una sorpresa y una alegría. Fue una sorpresa descubrir que lo que nos distinguía y hacía más atractivos

Vídeo Acompañamiento de los padres a sus hijos a quirófano.

respecto a otros centros era nuestro aspecto humanista. Y a la vez fue una alegría poder confirmar que nuestros valores y nuestra manera de tratar a los pacientes, el humanismo que forma parte del ADN del Hospital, no solo eran parte de nuestra esencia, sino también una ventaja competitiva. Era nuestro océano azul, un espacio donde no encuentras tanta competencia. En estos años hemos conseguido llegar a acuerdos con fundaciones, gobiernos y hospitales de más de cien países de todo el mundo.

¿Hasta qué punto es importante para Sant Joan de Déu la atención de pacientes internacionales? ¿Sin ellos no se podría mantener el tamaño actual del Hospital?

El tamaño probablemente no sería muy diferente, porque estos pacientes son, sobre todo, ambulatorios. Cada día tenemos alrededor de 140 pacientes internacionales en el Hospital, pero la mayoría vienen a visitarse, a recibir un tratamiento ambulatorio o una segunda opinión. Solo unos 10 o 15 están ingresados. Desde el punto de vista del tamaño, por tanto, no cambiaría mucho.

¿Y desde el punto de vista económico?

La atención internacional nos ha supuesto un incremento de los ingresos, pero menor de lo que se podría imaginar. Somos una institución sin ánimo de lucro y nuestras tarifas y márgenes son muy ajustados.

Para nosotros, lo más importante de la internacionalización ha sido lo que ha implicado en aspectos relacionados con la calidad. Recibir casos altamente complejos como los que nos llegan de otros países nos ha permitido, por un lado, mejorar nuestra experiencia y capacidad de tratamiento e investigación en enfermedades raras y ultrarraras, y nos ha servido para atraer a profesionales que buscan la excelencia en la medicina y la enfermería.

Pero, además, al tener que competir con otros centros, nos ha obligado a centrarnos en las necesidades de los pacientes y familias. Hemos repensado la organización para adaptarla y dar respuesta a esas necesidades. Y eso no solo beneficia a los pacientes internacionales, sino a todos los niños que atendemos en el Hospital porque, en Cataluña, los pacientes van al centro hospitalario que les corresponde por territorio y las organizaciones tienen menos estímulos para adaptarse a las necesidades del paciente cuando este no tiene opción de elegir.

Un caso de estudio en Harvard

El proceso de transformación que ha vivido el Hospital en estas últimas dos décadas ha sido objeto de un estudio del IESE por su complejidad y éxito.
Sí, es un caso del IESE que se presenta en el MBA y se explica tanto en Barcelona como en Harvard. Es una sesión muy interesante en la que participan 90 alumnos internacionales, la mitad de ellos de origen asiático, a los que se les expone la situación en que se encontraba el Hospital en el año 2013, cuando tomamos la decisión de internacionalizar, para que la analicen y decidan cuál era la mejor salida en ese momento. Y, generalmente, coinciden en que la mejor opción era la internacionalización.

La mejor opción era la internacionalización, pero, como hablábamos, conseguirlo no debió ser nada fácil. ¿Cuáles fueron las claves del éxito?
Creo que una de las claves fundamentales que nos ha permitido transformar el Hospital en un centro internacional han sido las personas: las personas que trabajan en nuestro Hospital y que cada día, en el ejercicio de su labor, hacen cosas extraordinarias.

Ellas han sido el motor del cambio a lo largo de estos años, con su compromiso y entrega a la causa de la institución; por su dedicación y esfuerzo para avanzar en el conocimiento de las enfermedades; por su trato compasivo y personalizado con los pacientes, y su trabajo cooperativo con los otros profesionales. Esas han sido, desde mi punto de vista, las claves del éxito. Y muchas de ellas ya existían cuando me incorporé a la institución. Forman parte de la cultura de la institución desde su inicio. Se han ido adaptando a los nuevos entornos, pero la base en la que se fundamentan se mantiene.

El Hospital Sant Joan de Déu Barcelona tiene un propósito muy trascendente.
Sí. Nuestra institución tiene el propósito de curar y cuidar de forma humanista a personas vulnerables con el fin de ayudar a construir una sociedad más justa. Y esto fue definido, en términos similares, hace casi quinientos años, cuando se fundó la Orden de San Juan de Dios. Los profesionales que trabajan en nuestro Hospital saben que su misión va más allá de la atención clínica; que, cuando hacen una sutura o intervienen a un niño, están llevando a cabo una labor mucho más trascendente que no se limita a intentar curar, sino también

a cuidar, a acompañar y ayudar a una familia que se encuentra en una situación muy vulnerable.

Y contribuimos a hacer una sociedad más justa cuando tratamos, por ejemplo, a una familia que viene de China con un niño con cáncer; al acogerlos, les buscamos alojamiento, les facilitamos un traductor, intentamos curar a su hijo, y le prestamos una atención humanista. Porque las sociedades más justas son aquellas que atienden mejor a los más vulnerables.

Esta es una gran causa que moviliza a las personas y que las vincula a una organización. Es muy difícil movilizar a alguien con el fin de ser un hospital más eficiente. Eso es necesario, pero no puede ser el propósito. Es un medio. Sin embargo, contribuir a hacer una sociedad más justa sí que es una causa que conecta con los valores de las personas. Una causa que para muchos puede ser inspiradora.

El liderazgo de las jirafas

¿Eso explica el alto grado de compromiso de los profesionales?

Creemos que la causa, el propósito de la institución, tiene mucho que ver en ello, aunque no sea, probablemente, el único motivo. Tener un propósito trascendente y estable en el tiempo ayuda a que los profesionales que trabajan se impliquen y den lo mejor de sí mismos. Incluso más de lo que están obligados a hacer. En el Hospital vemos cada día numerosas muestras de ello. Como el de una enfermera que, al acabar su jornada, se queda durante horas acompañando a una madre cuya hija está en el quirófano.

Reconocer estos gestos y la labor de estos profesionales es importante. Y el papel de los mandos intermedios es fundamental. Son ellos los que consiguen que los profesionales se sientan reconocidos y escuchados, que se sientan cuidados, apoyados y acompañados cuando lo necesitan, y puedan desarrollarse profesional y personalmente. En Sant Joan de Déu siempre decimos que nos gustan los «líderes jirafa».

¿Líderes jirafa?

Sí, es una metáfora que nos resulta muy útil para explicar cómo queremos que sean los mandos del Hospital. La jirafa es el animal más alto, el que menos duerme, un animal muy social y que tiene un gran corazón. Tiene otras características, pero estas son las que están más relacionadas con el estilo de liderazgo que queremos.

¿Hasta qué punto prima en la contratación de futuros

profesionales el aspecto humano, por encima incluso de otros aspectos sanitarios?
Para nosotros es fundamental tener profesionales del máximo nivel científico, pero con capacidades humanistas, porque entendemos que la medicina solo puede ser buena si comparte equilibradamente estas dos características.

En una presentación a donantes, recuerdo que una madre que había tenido a su hija ingresada en la UCI de neonatos me preguntó: «¿Cómo lo hacen ustedes para seleccionar a los profesionales? Porque he estado dos meses con mi hija ingresada y me da la sensación de que todas las enfermeras están cortadas por el mismo patrón». En esa época había un déficit importante de enfermeras, y yo le confesé que, realmente, no hacíamos muchas cosas para seleccionar las enfermeras porque no teníamos dónde escoger.

Y creo que la clave no es cómo son, sino en lo que se convierten. La cultura humanista, la hospitalidad y la atención personalizada que tenemos en el Hospital forman parte de nuestra cultura. Nosotros hacemos un gran esfuerzo por transmitirla a los que se incorporan. El primer día que un profesional llega a la institución, se hace un proceso de acogida muy normalizado, en el cual se le explica esta orientación. A los mandos los recibimos en el comité de dirección y les explicamos lo que esperamos de ellos: que combinen ciencia y humanismo, y sean conscientes de que están en una organización con un propósito trascendente que pretende mejorar la sociedad mediante el trato humanista a los vulnerables.

Creemos que la cultura, que es muy sólida y tiene más de ciento cincuenta años en nuestra institución, nos acompaña y ayuda. La cultura puede ser un gran obstáculo para cambiar, pero también puede ser una gran fortaleza para mantener los elementos clave. Y, en nuestro caso, es una fortaleza. Nos ayuda a sacar lo mejor de cada uno de nuestros profesionales.

Hay una frase de Peter Drucker que dice que «la cultura se desayuna cada mañana a la estrategia». Es verdad que la estrategia y los planes son importantes, pero la cultura es fundamental.

Hablemos de la organización. ¿Qué la hace atípica?
Es una organización muy participativa y plana. Se basa en el concepto CO-RE (confianza radical y responsabilidad real). En nuestro Hospital, las decisiones se toman en muchos sitios

distintos. Recuerdo que una vez un alto directivo del sistema sanitario me preguntó cuántos proyectos teníamos en marcha en ese momento. Cuando le respondí 72, le sorprendió que pudiéramos gestionar y controlar tantos proyectos a la vez. Y la verdad es que no los controlamos, los acompañamos. Y para eso la confianza es clave.

Tenemos mucha gente que toma decisiones de forma autónoma, y la gran ventaja es que todos están muy alineados con el propósito, con el proyecto de la organización. Y cuando no es así, lo corregimos, pero asumimos el riesgo porque esta manera de trabajar nos permite ir mucho más rápido y poner más proyectos en marcha. Preferimos la confianza al control. Creo que era Steve Jobs quien decía que no buscamos a los mejores para decirles lo que tienen que hacer, sino para que nos lo digan ellos.

¿A veces se saltan las normas e improvisan?

Nosotros, como todas las organizaciones, tenemos protocolos que definen cómo se tiene que actuar ante una situación clínica, pero por encima de estos están las personas. Y en nuestra organización no hay nada más importante que responder a las necesidades de los pacientes. En este sentido, aunque seguimos los protocolos, nuestros profesionales saben que pueden saltárselos si es necesario para atender las necesidades específicas de un paciente.

Le voy a explicar una anécdota que lo ilustra. Una madre que es miembro del Consejo de Familias —un grupo de padres y madres que desde hace años se reúnen con nuestros directivos una vez al mes para ayudarnos a mejorar— me explicó que su hija, una niña con una enfermedad crónica, tenía pánico a las agujas y que cada vez que la tenían que pinchar era un auténtico drama. Durante uno de los ingresos en el Hospital, una enfermera estableció una conexión especial con ella y consiguió pincharla sin que llorara.

Cuando la niña marchó a casa y tuvo que regresar días después para hacerse una analítica, la madre se lo comentó a la administrativa del laboratorio. Y aunque la enfermera estaba en planta, la administrativa no dudó en llamarla para pedirle que bajara al laboratorio. Desde entonces, siempre que tienen que pinchar a su hija y la enfermera está disponible, baja a atenderla. La madre, que es ingeniera, entendía que esto no es eficiente desde un punto de vista organizativo, pero a ella y a su hija les ha cambiado la vida.

Este es un ejemplo de cómo nuestra organización, pese a tener protocolos, sabe hacer excepciones. Y hay algo muy relevante detrás de esta anécdota, y es que la administrativa no vio la necesidad de pedir permiso a nadie para decir a la enfermera que bajase, ni la enfermera vio la necesidad de pedir permiso a nadie para bajar, ni sus compañeros le pusieron ningún problema, porque en el Hospital entendemos que no hay nada más importante que las necesidades de un niño y somos capaces de hacer excepciones, de cambiar los protocolos y las normas para adaptarnos.

Hospital Amic

Eso es la humanización u océano azul que comentaba. ¿En un hospital es especialmente necesaria?

Un niño nunca olvida una hospitalización. Nosotros intentamos convertirla en una oportunidad para crecer y madurar. En una charla en Esade, la madre de una paciente que había sido ingresada y tratada con éxito de una leucemia en el Hospital me explicó que, para ella, «ese ingreso fue un regalo». Nos sorprendió mucho a todos su afirmación, pero entonces aclaró que, después de haber pasado por una situación tan difícil como la que había tenido que vivir, su hija había madurado, era más empática, más resiliente. Era incluso mejor persona. Por eso digo que la hospitalización, aunque inevitable, puede ayudar a los niños a madurar. Para lograrlo, debemos crear unas condiciones especiales que eviten que la hospitalización sea un evento traumático. Eso es lo que hay detrás de muchas de las iniciativas de humanización que llevamos a cabo y que se agrupan en Hospital Amic: que los niños estén acompañados de sus padres en todo momento, en un entorno amigable donde no experimenten dolor y puedan jugar como niños que son.

Creo que lo estamos logrando; recuerdo que, durante la pandemia, una madre nos envió una felicitación para agradecer el trato que recibió su hijo por parte de los profesionales y que al final nos comentaba, casi sin darle importancia, que, en aquel entonces en que los parques infantiles estaban cerrados, ella aprovechaba para venir los fines de semana al Hospital con sus hijos a jugar. Hay que tener en cuenta que su hijo tenía una enfermedad crónica por la que tenía que acudir con frecuencia y desde hacía muchos años. Que quisiera venir los fines de semana a jugar significaba que el Hospital no le generaba aversión, no le producía miedo. Esta anécdota y otras parecidas son las que nos dan pistas de que estamos cumpliendo el objetivo.

Cita la compasión como otra de las claves del éxito. ¿Cómo ha contribuido a la transformación del Hospital?

Hablamos de compasión entendida como empatía en acción, como la capacidad de ponerse en la situación del otro, pero no quedarse ahí, sino de actuar para paliar su dolor. En el Hospital entendemos que ponernos en la situación del otro no quiere decir interpretar lo que necesita, sino preguntárselo directamente. Por eso, hemos creado un equipo que tiene como misión detectar y comprender lo que necesitan los pacientes y sus familias, y los implicamos en la mejora de nuestros procesos clínicos, servicios y espacios mediante una metodología importada de las empresas de servicios (*Design thinking*), que se desarrolla a través de múltiples herramientas, no solo las típicas encuestas, sino otros mecanismos participativos como los *focus groups* o el *shadowing* o seguimiento para conocer mejor dónde están nuestras áreas de mejora.

¿De qué manera los implican?

En el año 2014 creamos un consejo de familias, un grupo de padres y madres muy comprometidos y que conocen muy bien el Hospital porque llevan años trayendo a sus hijos, y que aportan su experiencia y visión crítica a los proyectos. Este consejo, que funciona como el consejo de administración de una empresa, se reúne desde hace más de diez años una vez al mes (excepto en agosto y diciembre).

También contamos con un grupo de jóvenes, KIDS Barcelona, que nos asesoran en el diseño de los ensayos clínicos: nos ayudan, por ejemplo, a concebir qué tipo de consentimiento informado ha de entregarse a los pacientes que participan en un ensayo o a decidir en qué formulación es mejor administrar un tratamiento. Porque muchas veces un ensayo clínico puede fracasar, simplemente, porque está mal planteado o porque los pacientes que participan no toman el tratamiento por una cosa tan sencilla como que no les gusta el sabor.

Comentaba que el humanismo es su «océano azul», allí donde no encuentran competencia, pero sin una capacidad técnica comparable a otros hospitales del mundo, no hubieran podido competir con ellos. ¿Cómo lo han conseguido?

El Hospital no hubiera llegado a ser lo que es si no contara con profesionales de gran talento. Hemos trabajado e invertido muchos recursos para atraer y retener el talento. A lo largo de los últimos diez años, hemos incorporado especialistas de renombre internacional. Nuestra condición de centro de gestión privada nos ha facilitado mucho las cosas y nos ha permitido disponer de más margen de maniobra para hacerlo. Difícilmente hubiéramos podido contratar a algunos profesionales si hubiéramos tenido que regirnos por los requisitos de una convocatoria u oposición pública. En el entorno de la Administración, un premio Nobel podría quedarse fuera por no cumplir algún requisito, o no tener los puntos suficientes.

Y paralelamente, hemos potenciado el talento que ya teníamos, el de los profesionales que ya trabajaban en nuestra institución. Los hemos formado en nuestro propio centro, porque pocas instituciones ofrecen formación superespecializada en técnicas pediátricas en nuestro país, y les hemos dado facilidades para que puedan formarse también fuera. Hace unos años creamos un banco de horas para que los profesionales que quieren, por ejemplo, formarse en una técnica innovadora en otro centro o realizar su tesis doctoral, puedan tener un sustituto durante su ausencia y dispongan de una bolsa de gastos para el viaje. Actualmente, la mayoría de los jefes de servicio del Hospital son mujeres de una edad en torno a los cuarenta años, casi todas formadas en nuestro centro, pero con alguna estancia en el extranjero, en países como Estados Unidos, Canadá o Inglaterra.

Para competir con los mejores también hay que ofrecer tratamientos pioneros, investigar.

Sí. Por eso impulsamos la investigación entre nuestros profesionales y hoy somos el hospital español con más publicaciones científicas en el ámbito pediátrico, el tercer centro europeo y el décimo mundial. Estos resultados son gracias a la combinación de muchos factores: el talento y la preparación de nuestros profesionales, la confianza de los pacientes que nos impulsa a investigar para ofrecer los mejores tratamientos, y el apoyo de la sociedad civil y las administraciones públicas. Estos avances demuestran cómo el trabajo colaborativo puede llevarnos más lejos.

Usted apunta, precisamente, la cooperación como otra de las claves del éxito.

Sí, de puertas adentro y de puertas afuera. Nuestra institución es extremadamente cooperativa y creo que es uno de los factores que nos ha permitido llegar a ser lo que somos y a impulsar proyectos y superar retos como el de la internacionalización. Hasta hace poco no éramos muy conscientes de ello. Algunos profesionales que se han incorporado en los últimos años y cuentan a sus espaldas con una larga trayectoria en otros centros nos lo han hecho ver. Recuerdo que una profesional que conseguimos incorporar después de muchas negociaciones me comentó, cuando ya llevaba un cierto tiempo en el Hospital, que aquí le resultaba muy fácil hacer las cosas. «¿Qué quieres decir?», le pregunté. «Que aquí —me explicó— haces una propuesta y todo el mundo se presta y se moviliza para hacerla realidad». Y es cierto: una empresa es imbatible si los profesionales de gran talento y sumamente comprometidos, en vez de competir, colaboran. Y en nuestro Hospital lo hacen.

Pero la cooperación puede ir más allá. Trascender las paredes de nuestro Hospital. Desde hace años, al igual que otros centros hospitalarios, trabajamos con otras organizaciones en la investigación e innovación en el campo de la salud para atender de la mejor manera posible a los niños enfermos; hemos suscrito acuerdos con gobiernos y fundaciones para que niños de otros puntos del planeta con enfermedades graves sin tratamiento en su país puedan recibirlo en nuestro Hospital. Intercambiamos conocimientos con otros centros. Para que los profesionales que trabajan en otros lugares del mundo puedan aplicar tratamientos a sus pacientes, pero también para poder avanzar juntos en la investigación, y en el diagnóstico y tratamiento de las enfermedades pediátricas.

Los niños con enfermedades raras, el nuevo perfil de paciente

El Hospital ha pasado en dos décadas a atender a niños con perfiles muy distintos. Ahora acuden muchos niños con enfermedades minoritarias y complejas.

Sí. Y eso nos ha obligado a adaptarnos. En la práctica, nuestro Hospital funciona como dos centros: uno dedicado a enfermedades complejas y raras, que sigue este modelo de atención, y otro para pacientes de nuestro territorio, con patologías más habituales y menos complejas, que no requieren este tipo de atención. Nos organizamos de manera diferente dependiendo de las necesidades del paciente: con consultas normales para patologías comunes, y con un esquema más complejo para

Únicos SJD Talks
Manel del Castillo

los niños con patologías raras y complejas. Esta organización implica un esfuerzo organizativo, pero que está totalmente justificado por el beneficio que representa para las familias.

Pensando en los niños con enfermedades raras, por ejemplo, hemos decidido organizar un modelo de atención, al que llamamos *one day care*, en el que les agrupamos todas las visitas en un solo día. De esta manera, las familias solo tienen que venir una vez al mes, en lugar de seis o siete; los niños pueden ir con más regularidad al colegio y los padres no tienen que dejar de trabajar. Para nosotros no supone un costo adicional, aunque sí resulta más complicado de organizar. Ese día son los especialistas los que acuden al box donde está el niño, en lugar de que el pequeño tenga que acudir a varias consultas.

Cuando empezamos a recibir pacientes con patologías de gran complejidad que venían de lejos —de otros lugares de España o del resto del mundo—, vimos que necesitábamos disponer de instrumentos que nos permitieran atenderlos también de forma no presencial. Cuando un niño viene de Moscú y necesita una analítica, no le puedes decir «vuelva en 15 días a buscar los resultados».

Por eso impulsaron el proyecto Hospital Líquido. ¿En qué consiste?
El Hospital Líquido nos permite ir más allá de las paredes del centro para prestar la mejor atención a nuestros pacientes, y no necesariamente de manera presencial. Lo hicimos, en un principio, con el fin de dar atención ambulatoria por vía telemática. Cuando llegó la pandemia, ya lo teníamos muy organizado y en la actualidad cerca de la mitad de nuestra actividad ambulatoria se realiza de forma no presencial.

Para los pacientes crónicos con enfermedades minoritarias, con problemas complejos de por vida, necesitamos sistemas de telemedicina y telemonitorización que nos permitan prestarles la atención que necesitan sin estar hospitalizados, para que puedan hacer una vida lo más normalizada posible. Para ello, hemos creado un gran centro de control llamado Córtex desde donde atendemos a estos pacientes hospitalizados prácticamente en su casa. Antes, teníamos

Vídeo **Innovación con propósito: Hospital Sant Joan de Déu.**

pacientes que pasaban muchos años ingresados en la UCI porque dependían de un respirador. Ahora, estos casos apenas existen porque estos niños están en casa.

Desde que implementamos este modelo de atención no presencial y domiciliaria a pacientes crónicos complejos, la media de ingresos ha bajado de 5 a 1,5, y el tiempo medio de hospitalización se ha reducido de 100-150 días a 15. Esto mejora notablemente la calidad de vida de las familias y reduce los costos sanitarios porque permite que las camas no ocupadas se destinen a otros pacientes que lo necesitan.

También crearon La Casa de Sofia. Sí, este centro nació gracias a un esfuerzo conjunto del Hospital y de una asociación. Nosotros veíamos que cada vez había más niños con enfermedades raras que sobrevivían gracias a las terapias, pero que, a menudo, quedaban con patologías crónicas y alta dependencia, y veíamos necesario ofrecer a estas familias una ayuda desde una perspectiva más humanista, no necesariamente en un hospital, sino en un entorno más acogedor. Al mismo tiempo, existía una asociación liderada por Jordi Cruz, el padre de Sofía, una niña que falleció en nuestro hospital a causa de un síndrome muy complejo y minoritario, la enfermedad de Sanfilippo. Después de la experiencia que había vivido con su hija, Cruz quería crear un entorno adecuado para niños en situaciones de cronicidad compleja o final de vida. Decidimos unir esfuerzos y presentar un proyecto conjunto al Servei Català de la Salut, y conseguimos que lo aprobaran. Quiero destacar aquí la gran sensibilidad que demostró el entonces director del CatSalut, Adrià Comella, que no dudó en prestar apoyo a la iniciativa.

La Casa de Sofia es el primer sociosanitario para niños creado en España. Ofrece una atención importantísima para estas familias. Tenemos tantas felicitaciones como altas y eso que, a veces, la situación acaba con el fallecimiento del paciente. Pero es un entorno tremendamente acogedor y adecuado para situaciones de muy alta complejidad.

Hay enfermedades raras que requieren un control especial que a las clínicas privadas no les sale a cuenta y que solo puede mantener un centro como Sant Joan de Déu. No es fácil mantener a estos pacientes porque se da una paradoja y es que cuanto más aplicamos estos tratamientos, menos ingresos tenemos. ¿Por qué? Porque el sistema en Cataluña financia a los hospitales en función de la actividad realizada. Con este tipo de tratamientos y controles, los niños ingresan menos y, en consecuencia, recibimos menos ingresos. Además, generan más gastos —la monitorización y el salario de los 40 profesionales que los visitan en domicilio— que no están reconocidos dentro del sistema público, porque se trata de una innovación muy reciente.

La innovación suele ir siempre por delante de los procesos administrativos y, por eso, en la actualidad trabajamos para que este programa sea reconocido económicamente. Gracias a las alianzas con la sociedad civil, a los donantes, podemos avanzar e impulsar estas iniciativas, incluso antes de lo que permitirían los procesos administrativos.

Messi y los *likes*

Porque sin las donaciones que reciben, muchos de los servicios no los podrían ofrecer.

El sistema sanitario público español cubre el diagnóstico y el tratamiento a todos los pacientes con tarjeta sanitaria, pero es verdad que para impulsar algunas iniciativas de carácter innovador, solidario o investigador necesitamos el apoyo de la sociedad civil. Y también es cierto que, a veces, algunas iniciativas asistenciales, como la que comentaba de la hospitalización domiciliaria o las gestoras de casos las hemos podido impulsar gracias a las donaciones.

De hecho, en 2017 lanzaron la campaña que más donaciones ha obtenido en la historia de España: 30 millones de euros.

Sí. El objetivo de la campaña fue el cáncer infantil. Mucha gente no sabe que los tumores infantiles son una enfermedad huérfana, que apenas se investiga, porque, al ser minoritaria, no hay incentivos económicos para desarrollar nuevas terapias. Nosotros, como centro dedicado a la oncología pediátrica, éramos conscientes de ese problema, de esa auténtica injusticia, y conocíamos cuál podía ser la solución: crear un gran centro integral para el cáncer infantil con capacidad para atender a un gran número de

Vídeo de la campaña Para los valientes para recaudar fondos para la construcción del Pediatric Cancer Center y con Leo Messi como protagonista.

pacientes y dedicar esfuerzos para investigar en nuevas terapias. Era un objetivo muy ambicioso, del que habíamos hablado en diversas ocasiones, pero que nunca había pasado de ser una simple idea. Hasta que una conversación lo cambió todo. Recuerdo la reunión en la Fundación Leo Messi en que planteamos la posibilidad a Alfonso Nebot, directivo de la fundación, quien no dudó que Leo Messi podía colaborar económicamente y ayudar con su imagen a lanzar una campaña para captar los fondos necesarios.

Esta campaña se estudia en las escuelas de negocio.

Sí. Los estudiantes del IESE la analizan para aprender de sus errores y aciertos.

¿Errores?

Sí. Planteamos bien la campaña, pero nos equivocamos en el público objetivo. Una campaña de captación ha de definir bien el problema, ofrecer una solución factible y generar una emoción que mueva a la acción. Quien la promueve ha de tener, además, la capacidad para llevar a cabo la solución y generar confianza entre los potenciales donantes. Todo esto lo teníamos, pero pensamos que podríamos conseguir los fondos a través de microdonaciones, y fue un error.

¿Por qué fue una equivocación?

Messi era, en el año 2017, una de las dos personas con más notoriedad del mundo. La otra era otro argentino, el papa Francisco. La notoriedad de Messi nos ayudó mucho a dar a conocer la campaña. Pensamos que sus más de 300 millones de seguidores en redes sociales podían convertirse en donantes. De hecho, un teórico experto nos llegó a decir que tendríamos tantas donaciones que deberíamos tener un plan por si se superaba la cifra de 30 millones. Su argumento era: solo con que cada seguidor de Messi ponga 1 euro...

Recuerdo que el día que presentamos la campaña en las instalaciones del FC Barcelona vinieron más medios de los que nunca habíamos visto juntos. Aquella tarde la iniciativa se publicó en la prensa de todo el mundo

Vídeo del relanzamiento de la campaña del Pediatric Cancer Center Barcelona.

y, sin embargo, apenas recibimos donaciones. Queríamos captar 30 millones de euros en microdonaciones y lo que conseguimos fueron millones de *likes*. Al final del primer día de campaña, la recaudación fue de 24.000 euros y en los seis meses siguientes alcanzamos los 300.000 euros. Nos habíamos equivocado. Teníamos que abandonar o rectificar.

¿Y qué hicieron?

Primero, asumir el error: los *likes* no son euros. Los seguidores de Messi están distribuidos por todo el mundo, y no necesariamente tienen la capacidad o el interés de hacer una donación a un centro en Barcelona. Lo segundo es que la figura de Messi generaba confusión en algunas personas que creían que el centro ya estaba financiado. De hecho, algunas familias nos llegaron a preguntar: «¿Cómo está ese centro que paga Leo Messi?». Y Messi fue nuestro donante más generoso, aportó una gran cifra, pero el objetivo era muy alto.

A partir de aquí, tomamos dos decisiones: cambiar el público objetivo y dirigirnos sobre todo a grandes donantes y empresas, y, en segundo lugar, poner el foco de la campaña en los niños. Hicimos vídeos en los que eran los niños los que apelaban a la donación, e iniciamos un plan de visitas a potenciales grandes donantes, empresas y fundaciones. Un año después, habíamos conseguido recaudar 30 millones de euros, y en 2022 pudimos abrir el Pediatric Cancer Center Barcelona.

Fue todo un reto. Ahora, ¿el nuevo reto al que tienen que enfrentarse es la atención de las enfermedades raras y ultrarraras?

Sin duda. Queríamos ser un centro de referencia y lo hemos conseguido. Sin embargo, ahora nos encontramos ante la dificultad que comporta atender a un gran número de pacientes con enfermedades minoritarias. Para dar respuesta a sus necesidades, tenemos que transformarnos en un centro de medicina personalizada y de precisión. Para ello, estamos trabajando con el fin de convertirnos en un hospital más integral, más líquido, más traslacional y en red.

Para ser un hospital más integral, estamos desarrollando unidades funcionales especializadas en grupos de patologías formados por profesionales de diferentes especialidades y que cuentan con gestoras de casos que están a disposición de las familias, y agrupan todas las visitas de un paciente en un día y lugar para evitarles desplazamientos innecesarios y favorecer la conciliación familiar.

Queremos avanzar hacia un hospital más líquido, que sea capaz de ofrecer atención a los pacientes más allá de las paredes del centro. Hoy, por ejemplo, tenemos un equipo formado por más de 40 profesionales que se desplazan al domicilio de los pacientes para visitarlos.

En tercer lugar, queremos ser un hospital más traslacional, capaz de desarrollar programas de diagnósticos de precisión y una plataforma de terapias avanzadas que permitan acelerar el diagnóstico de estos pacientes y ofrecerles tratamientos innovadores que todavía no están disponibles en el mercado.

Y, finalmente, trabajamos para ser un hospital en red que trabaje en colaboración con otros centros de toda España a través de una red, Únicas, que hemos impulsado y que agrupa a 30 centros. Queremos compartir conocimiento para mejorar el diagnóstico de todos los niños con enfermedades minoritarias, con independencia del lugar donde residan, y sin tener que desplazarse a otra ciudad.

En el afán de atender más y mejor a los niños con enfermedades raras, nuestro centro se ha convertido en un hospital raro.

Un hospital «raro»

¿Por qué es un hospital raro?
Somos un centro muy diferente, monográfico, en un entorno donde la mayoría de los hospitales en España, prácticamente todos menos dos, son hospitales generales. En un entorno, también, donde la mayoría de los centros universitarios son de titularidad pública, mientras que nosotros somos de titularidad privada.

Es decir, tenemos muchas cosas que nos hacen muy atípicos tanto en lo referente a los pacientes que hemos de atender como en la forma de gestionarnos. Todo esto es lo que nosotros englobamos en el concepto de Singularity, que es el plan estratégico que estamos desarrollando ahora.

¿Qué es Singularity?
Es un proyecto que tiene por objetivo repensar el futuro de la atención en el Hospital. Básicamente, tiene tres vertientes. En primer lugar, cómo vamos a dar respuesta a la complejidad de nuestros pacientes. Y eso lo hacemos mediante el proyecto que llamamos Únicas, con el Pediatric Cancer Center o el centro Acompanya'm para atender la complejidad en psiquiatría... Son iniciativas con las que buscamos dar una respuesta singular, integral y personalizada a

los grandes y complejos problemas de salud de estos niños.

En segundo lugar, está la financiación. Tenemos que ser reconocidos como un centro singular, porque los costes que tiene un hospital como el nuestro no encajan bien con los modelos de financiación de un hospital general. Por ejemplo, el número de anestesiólogos que necesitamos es mucho mayor, porque los niños han de ser sedados no solo en los quirófanos, sino también cuando se les hace un TAC, una resonancia o en múltiples pequeñas técnicas. O en la farmacia, los fármacos no vienen preparados para niños de diferentes pesos y tenemos que redosificarlos, etc. En la actualidad, estamos trabajando con el sistema sanitario catalán para conseguir un modelo específico de financiación para un centro monográfico, como existe en otros países europeos.

Y, en tercer lugar, necesitamos un perímetro de actuación singular. Somos un centro que recibe pacientes del resto de Cataluña, de España y del mundo. No podemos limitarnos a un sector determinado. Necesitamos ese reconocimiento como centro de referencia para patologías altamente complejas.

¿Cómo encara el futuro el Hospital? ¿Sant Joan de Déu puede crecer más?

Nosotros no tenemos interés en aumentar el número de pacientes. Nuestro objetivo no es crecer más, sino mantenernos, que ya es mucho en un entorno de descenso de la natalidad como el que vivimos.

Si no hubiéramos tomado la decisión que tomamos en el año 2003 de convertirnos en un centro de referencia, ahora estaríamos en una situación muy delicada porque, con una natalidad en descenso, nos habría bajado mucho la actividad. Seguramente, tendríamos que estar reduciendo camas y plantilla. ¿Por qué no nos está pasando esto? Porque nos hemos ido especializando y en la actualidad recibimos pacientes de todas partes del mundo. Ahora queremos continuar la alta especialización científica, mantener la manera humanista de cuidar y curar a los niños con patologías complejas, que son los más vulnerables, y seguir contribuyendo a hacer una sociedad más justa. En definitiva, queremos seguir siendo fieles a nuestra misión, que fue definida hace casi quinientos años y sigue estando vigente en la actualidad.

Quim Erra

Consejero general de la Orden Hospitalaria de San Juan de Dios

Lourdes Campuzano

El hermano Quim Erra se incorporó a la Orden Hospitalaria de San Juan de Dios en el año 1984 y, a lo largo de las últimas tres décadas, ha estado vinculado directamente al hospital maternoinfantil en diferentes etapas, en un principio desarrollando labores asistenciales y, más tarde, en tareas relacionadas con la gestión. En 1992 tomó por primera vez contacto con el Hospital cuando entró a trabajar como supervisor de enfermería del servicio de urgencias. «Ya entonces —recuerda— recibíamos un gran volumen de visitas, pero, obviamente, sin la complejidad, medios ni infraestructura que tenemos ahora. Pero lo bonito es que ya entonces nos las "arreglábamos" gracias a la implicación de todos. En aquella época, el Hospital se encontraba en una situación de indefinición sobre su futuro. Se estaban abriendo otros hospitales, algunos profesionales se marchaban y algunos rumoreaban que el Hospital se acabaría convirtiendo en un "hospital de mayores"».

El año que te incorporaste al Hospital fue el año en que se estableció una alianza con el Hospital Clínic.
Sí, y viéndolo ahora en perspectiva, creo que esa alianza fue clave. Estratégicamente nos ha permitido avanzar hacia lo que somos hoy. Nosotros veníamos de una tradición muy asistencialista, y la alianza con el Clínic, y con la mayor implicación con la Universidad de Barcelona, nos permitió abrirnos también a una dimensión más formativa y de investigación.

Fue, de alguna manera, el primer paso hacia la superespecialización.
Sí. A partir de la alianza con el Clínic, pensamos que podíamos comenzar a ofrecer más desarrollo de las especialidades pediátricas. Es cierto que ahora tienen mucho peso las grandes especialidades, pero creo que la gran virtud de este Hospital ha sido mantener el equilibrio entre pediatría general y especialidades, e irse adaptando, de manera progresiva, a la planificación y modelos de atención sanitaria.

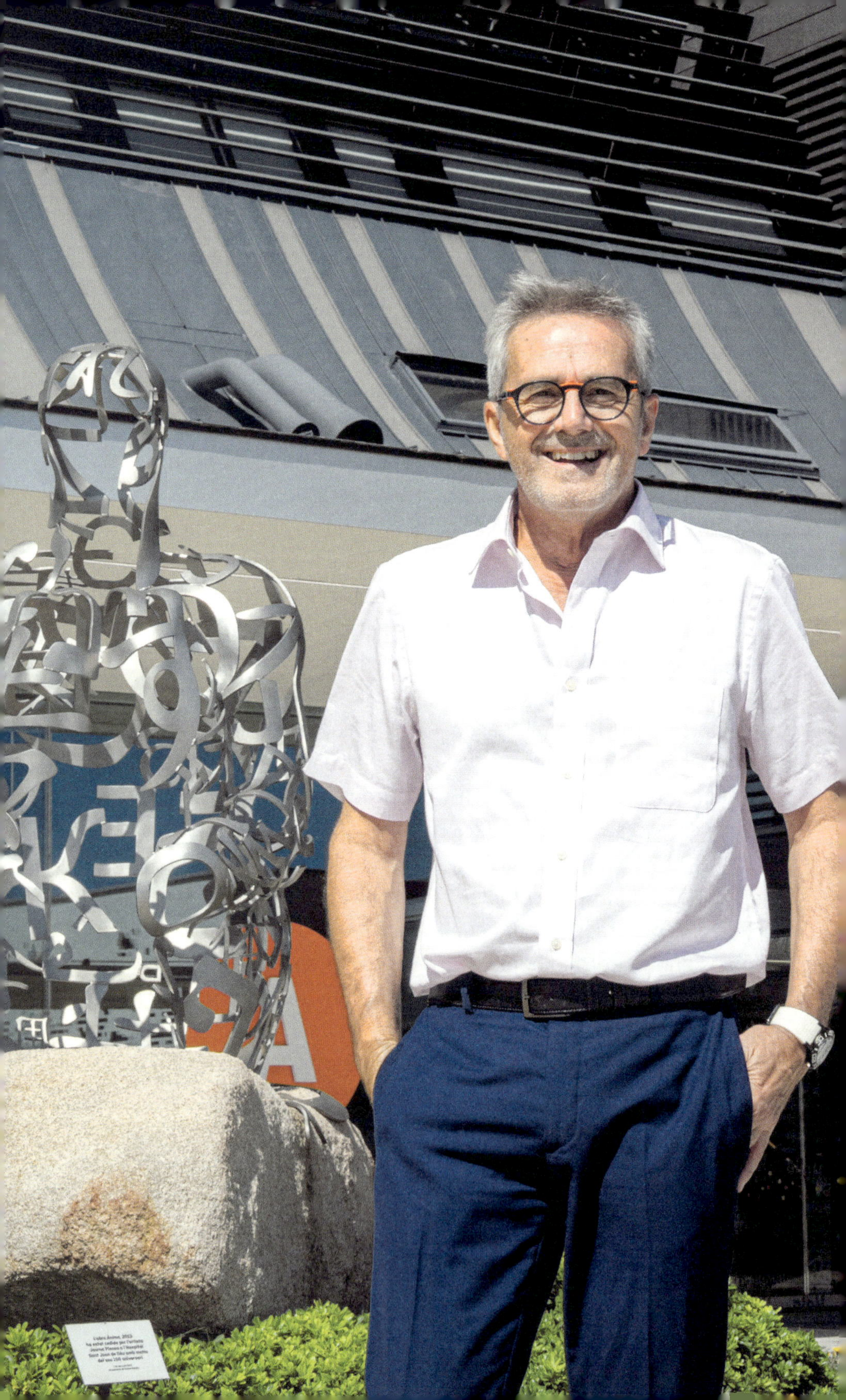

Optar por la superespecialización implicaba claramente un sobrecoste, en un momento en que el Hospital necesitaba tener más ingresos. Parece un contrasentido y una operación arriesgada.

El dinero no es lo más importante. Tiene su importancia, es evidente, pero tiene que estar supeditado a un proyecto, a un servicio. Si un centro no es viable, por muy buenas intenciones que tenga no tirará adelante, pero la cuestión económica no puede ser el centro, ni acabar definiendo el discurso sanitario. Lo importante para nosotros es que el Hospital dé un buen servicio a la sociedad y que aporte un plus de acogida, atención, trato...

Hay servicios que no haríamos si solo tuviéramos una mirada económica, como es el caso, por ejemplo, del acompañamiento a los pacientes y a sus familias mediante la figura de la *Child Life*. Y, sin embargo, lo mantenemos porque entendemos que es necesario y da un buen servicio. Creo que ese también es un poco el valor de una institución como la nuestra.

Para la orden, el objetivo no es tener 10 o 15 hospitales, es que los centros den un buen servicio, y eso no solo implica que tengan todos los sellos de calidad y que obtengan unos buenos resultados económicos. Tienen que aportar ese plus de atención y trato que comentaba. Es un planteamiento que tiene que ser compartido de manera transversal por todas las personas que trabajan.

A veces oigo decir que este Hospital engancha y pienso que, en realidad, lo que engancha es la implicación humana que uno acaba teniendo en un lugar donde sientes que puedes crecer profesionalmente, pero también como persona. Y todo esto tiene mucho que ver con la trayectoria del centro que, aceptando todas las limitaciones, siempre ha querido mantener ese espíritu humanizador.

La apuesta por la superespecialización no era compartida por todos los profesionales...

Fue la principal dificultad que nos encontramos: que había visiones diferentes y entre profesionales que estaban muy comprometidos con el Hospital. Algunos no lo acababan de ver claro o se sentían un poco sobrepasados por la complejidad. Nuestra principal preocupación fue que nadie se sintiera excluido y que la elección no generara, en la medida de lo posible, grandes divisiones internas ni malestar.

Y cuando todo parecía resuelto, llegó la crisis económica.

¡Donde hay vida siempre hay que ocuparse! Así fue, y creo que hubo una cosa que se hizo muy bien: ser muy transparentes, explicar a los profesionales desde el primer día lo que estaba pasando, y dar autonomía a los servicios para que fueran ellos los que analizaran y vieran cómo se podían reducir los gastos. Hubo servicios en los que algunos profesionales aceptaron trabajar menos días; en otros, en cambio, todos mantuvieron la misma jornada y prefirieron rebajarse el horario y el sueldo. Fueron muchas y muy distintas las iniciativas que aportaron la Dirección y los profesionales, y no solo relacionadas con temas laborales. La verdad es que tuvimos la suerte de evidenciar, una vez más, que contamos con unos profesionales muy implicados y comprometidos con el Hospital.

En un momento dado no hubo más opción que buscar nuevas fuentes de ingresos y se apostó por la internacionalización. ¿Cómo lo vivieron los hermanos?

La única prevención que teníamos es que no queríamos hacer dos hospitales. Eso lo teníamos muy claro. Los pacientes, vengan por la vía que vengan, han de recibir la misma atención, no solo clínica, sino también de trato. Por eso establecimos unos criterios éticos muy estrictos para garantizarlo. Y nos preocupaba que, si el proyecto iba bien y recibíamos muchos pacientes, esto no afectara a la atención y al compromiso que teníamos con las personas de aquí. Pero la verdad es que todo fue muy bien.

¿Y el hecho de ofrecer atención privada, les generaba inquietud?

No, porque la gracia de este hospital es que está abierto a todos independientemente de su situación económica: a las familias de niños que disponen de recursos y deciden venir a tratarse aquí, pero también a los que no tienen esos recursos y pueden ser tratados gracias a gobiernos, fundaciones o programas solidarios como Cuida'm, que financia el tratamiento que necesitan y que, en muchos casos, les cambia la vida.

Lo que sí nos generaba la internacionalización era una cierta incertidumbre, porque era algo nuevo que nunca habíamos hecho. Pero llegamos a la conclusión de que tampoco teníamos nada que perder. No teníamos que hacer una gran inversión porque gran parte de lo que necesitábamos ya lo teníamos: la estructura y los profesionales. Y eso nos daba una cierta tranquilidad. Si el Hospital ha podido llegar donde está, es precisamente porque ha tenido la capacidad de responder y de actuar ante las dificultades, de no paralizarse.

¿Cómo ves el futuro del Hospital?
Con optimismo. Veo un hospital en red, conectado con otros centros. Creo que el futuro pasa por tener esta mirada en red, que casa mucho con nuestra institución, porque es una mirada hospitalaria. La hospitalidad es, sobre todo, tender puentes, y vencer protagonismos. Es importante sacarse de la cabeza el egocentrismo organizacional que todos tenemos. Sant Joan de Déu es Sant Joan de Déu, pero también es Salut, los hospitales con los que trabaja, las fundaciones que hacen aportaciones... Es el hospital de todos. Los hermanos de San Juan de Dios tenemos el «título de la propiedad», pero en realidad lo coparticipamos todos: la ciudadanía, los benefactores y donantes, la Administración pública, los profesionales que trabajan...

Toni Arias

Director del Departamento Internacional entre los años 2013 y 2023

Lourdes Campuzano

Toni Arias se incorporó a la plantilla del Hospital Sant Joan de Déu Barcelona el 13 de enero de 2013 con el objetivo de dirigir el recién creado Departamento Internacional. Lo hizo con la misión de buscar pacientes internacionales y abrir una nueva línea de ingresos que ayudara a paliar el agujero financiero generado por la crisis económica. Tenía, además, otra tarea más intangible: ayudar a posicionar el Hospital en el ámbito internacional mediante acuerdos con hospitales e instituciones de otros países.

¿Cómo estaba posicionado entonces el Hospital?

Fuera de España no estaba posicionado. No nos conocían, a excepción de unos pocos médicos, enfermeras y directivos de hospitales de otros países. La verdad es que, en general, y salvo en oftalmología y en reproducción asistida, España no estaba posicionada como país de alta excelencia en medicina. Aunque ya teníamos un buen sistema sanitario, solo lo sabíamos nosotros. Y era lógico, entonces, que no nos conocieran. Si un país no tiene fama de referencia sanitaria, difícilmente los pacientes internacionales o los gobiernos que buscan donde tratar a sus ciudadanos buscarán hospitales allí. Recuerdo que una alta autoridad de un país de Oriente Medio que se había formado en Canadá visitó hace un par de años el Hospital y, al acabar, nos sorprendió pidiéndonos disculpas. «¿Disculpas? ¿Por qué?», le pregunté. «Por no haberles conocido antes», me respondió.

En ese sentido, digo que la marca España no nos ayudaba. La marca Barcelona, un poco más, porque la ciudad estaba muy de moda y gozaba de buena reputación, pero tampoco demasiado, porque no era un destino sanitario de referencia.

No parece que fuera fácil.

Tuvimos que picar mucha piedra para que nos consideraran como lo que éramos: un hospital de referencia. En Emiratos Árabes estuvimos trabajando dos años hasta que conseguimos

recibir el primer paciente. En Qatar, siete y en Kuwait, cinco. Recuerdo que en uno de los primeros viajes que hicimos a Dubái, un médico con el que nos reunimos nos empezó a explicar cuántos hospitales extranjeros operaban en la región y me sentí muy abrumado. Tanto que no pude dejar de preguntarle si teníamos alguna oportunidad. Él me miró, se lo pensó unos segundos y me dijo: «*You are late, but not too late*». Llegáis tarde, pero no demasiado tarde. Porque entonces había muchos centros americanos y europeos trabajando en la zona, pero en el campo de la pediatría, la competencia era mucho menor.

¿Cómo lograsteis haceros un hueco?

Aplicando método y visitando hospitales pediátricos extranjeros con una larga tradición en la acogida de pacientes internacionales. Realizamos un plan de internacionalización que nos ayudó a estructurar el proyecto y a definir hacia dónde nos orientábamos. Comenzamos estudiando qué países tenían necesidad de llevar a sus niños a tratar fuera de sus fronteras, porque no podían ofrecerles el tratamiento que necesitaban en su país. Entonces había, y todavía hay, muy poco conocimiento sobre ello. Recuerdo que uno de los pocos trabajos disponibles que encontré fue un estudio de McKinsey que se acababa de publicar y que definía bastante bien cuáles eran las especialidades más demandadas y los canales por los que la gente llegaba a los hospitales que tenían estos servicios. Otra herramienta que nos resultó útil fue la cooperación y la ayuda de algunas entidades y organizaciones, como es el caso de Acció, ICEX y Barcelona Medical Destination, que nos facilitaron contactos y nos planificaron visitas en diferentes países.

El plan de internacionalización ayudó a orientar el Hospital hacia la alta complejidad.

Sí. Lo primero que hicimos fue valorar en qué especialidades pediátricas éramos potentes y tenían una mayor demanda de atención pediátrica a nivel global, de acuerdo con la información de qué disponíamos entonces. Nos centramos en atraer pacientes con enfermedades complejas de áreas como oncología, neurología, cardiología, cirugía ortopédica y traumatología y cirugía neonatal. Y definimos todo lo que ofreceríamos a estos pacientes, no solo el tratamiento que requería su enfermedad, sino también su acogida, acompañamiento durante la estancia y soporte posterior.

Todos aquellos aspectos que humanizan la asistencia. ¿Han sido la clave del éxito?

Para que un paciente internacional decida venir, en primer lugar es esencial ofrecer unos buenos resultados asistenciales. Pero una vez garantizado eso, y con independencia del precio, el trato que se dispensa al paciente es fundamental y, en nuestro caso, es un valor diferencial. Puede ser lo que motive la decisión final, lo que incline la balanza a favor de un centro y no de otro. Con el tiempo, y a medida que fuimos modernizando el Hospital, incorporando no solo la tecnología más puntera, sino también creando espacios y un diseño especialmente adaptado para los niños, las instalaciones se convirtieron en un reclamo y fortaleza. No era un elemento clave, pero tenía su valor. Recuerdo que antes de la reforma, en el año 2014, recibimos la visita de una aseguradora alemana que estaba buscando concertar un centro para la atención de los niños alemanes que durante sus vacaciones en Barcelona pudieran requerir atención urgente. Entonces nuestra UCI no estaba reformada, pero cuando vieron la profesionalidad de los médicos y las enfermeras, se fueron muy satisfechos y convencidos de que ya lo habían encontrado.

Porque en un momento dado también decidisteis centrar vuestros esfuerzos y orientar vuestras acciones hacia aseguradoras, gobiernos y fundaciones, y no hacia el paciente final.

Sí, para garantizar su tratamiento independientemente de su situación social. Creíamos que era la opción más acorde con los valores del Hospital.

Una vez decidisteis qué servicios ofrecería el Hospital a los pacientes internacionales, el siguiente reto era darse a conocer al mundo.

Sí, este fue otro de los ejes del plan de internacionalización: definir qué herramientas podíamos desarrollar para darnos a conocer y para que nos consideraran la mejor opción para tratar a los pequeños con enfermedades complejas. Y tampoco fue fácil. Cuando llegué, solo existía un folleto en inglés sobre el Hospital, muy genérico. Además, la web que teníamos en ese momento no disponía de la tecnología necesaria para que estuviera bien posicionada en internet y fuera localizable con facilidad. Eso lo pudimos solventar lanzando una nueva web en el año 2016. Y comenzamos a hacer marketing digital, con campañas publicitarias en Google Ads, y a crear páginas web en diferentes idiomas.

En aquel momento me hubiera gustado disponer de más herramientas, pero la situación y coyuntura económica era la que era y no se podía hacer más. Aunque es verdad que siempre noté que la apuesta de la Dirección por el proyecto era firme y eso fue, sin duda, otro de los factores clave de su consolidación y crecimiento.

Ahora, con perspectiva, ¿cuál fue la principal dificultad?

Sin duda, lo más difícil fue el choque de culturas: de la cultura de los pacientes internacionales con la cultura organizativa del Hospital.

Hasta entonces, el Hospital no había tenido ninguna necesidad de salir a buscar pacientes porque le llegaban a través de la sanidad pública. El Hospital solo tenía que regular el flujo, la afluencia de pacientes, en el caso de los procesos que generaban lista de espera.

Cuando internacionalizamos el Hospital, esto cambió muchísimo. Entonces teníamos que salir a buscar pacientes y esto implicaba muchas cosas. Por ejemplo, teníamos que ser extremadamente rápidos respondiendo a las solicitudes de información que nos llegaban si queríamos tener posibilidades de tratar esos pacientes, porque competíamos con otros centros que a su vez optaban a tratarlos. Pasamos horas con los médicos para compartir con ellos el proyecto y su importancia, no solo para el Hospital, sino también para ellos, porque les permitía aumentar su experiencia en el tratamiento de pacientes altamente complejos.

Para los profesionales supuso un reto atender a pacientes de múltiples culturas, con diferentes lenguas, sistemas sanitarios y costumbres. Por ejemplo, en algunos países no se valoraba la puntualidad en las visitas y los pacientes solían llegar tarde. Algunas familias no comprendían por qué los sábados les atendía un profesional diferente, cuando en su país siempre lo hacía el mismo. Y los profesionales, a su vez, tampoco comprendían algunas peticiones de los pacientes internacionales. Creo que este cambio en la manera de trabajar generó un cierto agobio en la organización.

¿Cómo se superó esta situación?

Algunos profesionales comenzaron a ver que los casos que les llegaban eran de muy alta complejidad, que les ofrecía la oportunidad de aprender y realizar publicaciones que antes no habían podido hacer. La contratación de gestores de casos, profesionales que hablaban la lengua de los pacientes y conocían la cultura, ayudó a limar y superar las barreras culturales. Y facilitó las cosas que se comenzaran a visibilizar los beneficios que, para la organización, supusieron los ingresos económicos que aportaba el programa internacional.

¿Cómo ha cambiado el Hospital tras la internacionalización?

Creo que ha resultado beneficiosa por diversos motivos. No solo ha permitido incrementar los ingresos económicos. También ha fomentado la colaboración de nuestros profesionales con colegas de otros países, la participación en proyectos internacionales y su integración en redes europeas. Una de las cosas que me hacen estar especialmente satisfecho es haber introducido el Hospital en las Redes Europeas de Referencia (ERN, por sus siglas en inglés). Fuimos el primer hospital de España.

¿Qué aprendizajes extraes de la experiencia?

Que no tenemos que perder de vista lo que éramos, de dónde venimos y lo que podemos llegar a ser. Todavía somos un hospital joven. Aunque tengamos ciento cincuenta años, somos un hospital joven entre la élite de hospitales de alta complejidad de España y Europa. Hace solo veinte que estamos en esto.

Otro aprendizaje es que no podemos dejar de avanzar, que debemos seguir investigando, porque son los tratamientos más innovadores los que atraen a los pacientes internacionales. Y, finalmente, que estamos expuestos a los vaivenes de la globalización. Algo que ocurra en otro lugar del mundo puede echar por tierra meses de trabajo. Lo vimos, por ejemplo, con la crisis entre Estados Unidos y Venezuela, que dejó sin efecto el acuerdo que teníamos con la Fundación Simón Bolívar para tratar en nuestro centro niños venezolanos, o con la primera crisis del rublo, que hizo disminuir el número de pacientes rusos.

Creo que, para el hospital, el tener una estrategia de futuro, clara y definida, y un plan para implantarla fue fundamental para la viabilidad del proyecto global. Hizo posible que, a pesar de las dificultades, nuestro centro se esté situando entre los hospitales maternoinfantiles más valorados en el ámbito internacional.

Maria Josep Planas

Directora de Planificación y Calidad entre los años 2003 y 2017

Lourdes Campuzano

Maria Josep Planas quería ser maestra y esa vocación fue la que le llevó, con solo dieciséis años, a hacerse voluntaria de Sant Joan de Déu, cuando el hospital era todavía un asilo para niños sin recursos y estaba ubicado en la avenida Diagonal de Barcelona. «Pensé que, seguramente, algunos de los niños a los que tendría que enseñar tendrían algún tipo de discapacidad y quería conocer de cerca esa realidad».

Nunca llegó a estudiar magisterio. Su experiencia en Sant Joan de Déu la hizo cambiar de planes y hacerse enfermera. En el año 1973 iniciaba sus estudios en la Escuela de Enfermería de Sant Joan de Déu. En aquel período, trabajó durante seis años en el Servicio de Neonatos del Hospital, que ya por esas fechas se había trasladado a Esplugues y convertido en un centro de pediatría general. Treinta años después, y tras desempeñar diversos cargos directivos en otros hospitales, regresaba para trabajar al lado de Manel del Castillo como directora de Planificación y Calidad.

¿Cómo era el Hospital en el año 2003?

Yo lo recuerdo muy pequeño y antiguo, todo blanco y gris, muy limpio, pero sin ningún tipo color. Nada parecía indicar que se trataba de un hospital de niños. Pero es que entonces todos los hospitales eran así... En 2003 el Hospital no había cambiado gran cosa respecto a la época en que yo había estado trabajando cuando estudiaba, pero la actividad asistencial era dos veces mayor y, claro, todo estaba a rebosar. Como decía la gente, el hospital se rompía por las costuras.

Había que hacer algo, pues.

Cuando yo llegué, Manel del Castillo había tenido tiempo suficiente para hacerse una idea de las necesidades y de los problemas que, por otro lado, estaban más que identificados. Pero hablando con los profesionales, se dio cuenta de que, por encima de la falta de espacio, la saturación, la necesidad de inversión y otras quejas, emergía un sentimiento más profundo, una

SJB

cierta desorientación, una sensación de fin de ciclo, de no saber adónde íbamos y qué queríamos ser de mayores.

Había, pues, una crisis de identidad. ¿El plan estratégico supuso un poco un «café para todos» en el sentido que no renunciaba a ser un hospital de pediatría general, pero a la vez apostaba por las especialidades?
Es que era necesario potenciar las especialidades, pero nosotros no podíamos dejar de ser un hospital de la zona que nos correspondía, el hospital de barrio para entendernos. La pediatría se tenía que mantener. No podíamos decir en urgencias que ahora solo queríamos urgencias de alto nivel, teníamos que apalancar la pediatría de proximidad, pero, de manera paralela, buscar especialidades estrella que fuesen capaces de tirar del carro de la complejidad.

¿Fue difícil la elección de las especialidades?
Tuvimos que ser muy y muy cuidadosos. Teníamos que potenciar aquellas especialidades que sabíamos que nos podían posicionar en la alta complejidad, pero a la vez sin olvidar a las otras, dándoles visibilidad para que también se sintieran parte del proyecto. Y la comunicación fue clave en todo esto.

¿De qué manera?
Cuando Manel del Castillo planteó elaborar un plan estratégico, había serias dudas en el comité de dirección. La gente estaba cansada de análisis vacíos, cansada de consultores que escriben «en bonito» lo que todos sabían. La gente necesitaba soluciones a sus problemas, no más teorías de gestión. No querían más planes en un cajón. De planes estratégicos siempre ha habido, pero él nos convenció de que este sería distinto. Y lo fue.

¿Qué lo hizo especial?
Una de las cosas que hizo que este plan fuera distinto y calara más hondo fue la intensa labor de comunicación que se llevó a cabo. Él trabajó mucho para que los profesionales conocieran el plan, y lo hicieran suyo. En las sesiones informativas que hacíamos en junio y diciembre para todos los trabajadores, se hacía un gran esfuerzo por dar visibilidad a todos los servicios. Decíamos «este ha hecho esto, este otro ha hecho lo otro». Y la gente se veía en las exposiciones del gerente, se sentía reconocida y sentía que formaba parte del proyecto, aunque no

estuviera entre las especialidades estrella.

¿Qué otras cosas hacían este plan estratégico diferente y especial?
Normalmente, los planes estratégicos suelen quedar en un nivel alto, no llegan a la plantilla, y como ya he dicho, acaban olvidados en un cajón. Aquí hicimos un esfuerzo muy importante para «ponerlo de largo». Lo presentamos a lo grande en un acto oficial en que contamos con la *consellera* del momento, Marina Geli; también hicimos un logo, le pusimos un nombre, Paidhos, y lo publicamos en un libro. Nos gastamos el dinero, y nos llovió más de una crítica por ello, pero es que estábamos convencidos de que era importante, que la presentación de Paidhos tenía que ser especial.

¿Y surtió efecto?
Totalmente. Todo el mundo conocía Paidhos. Recuerdo que un día unos consultores se estuvieron paseando, sin previo aviso, por todo el Hospital, porque nos habíamos presentado a una certificación y se fueron muy sorprendidos al ver que todo el mundo conocía el plan estratégico del centro. Era la primera vez que les pasaba. La gente les decía: «¡Si no estás en Paidhos, no existes!».

Paidhos incluía muchos aspectos de humanización.
Sí. Eso nunca lo había visto. En los centros que había conocido hasta entonces, la humanización, si es que había, era una «maría» que llevaban algunas enfermeras de manera voluntariosa. Este no era el caso del Hospital. Aquí ya teníamos una base, por suerte, porque los hermanos le daban mucha importancia, y las enfermeras de aquí siempre han sido especiales. Pero con Paidhos, la humanización se convirtió en una línea estratégica y tenía un directivo al frente por primera vez. Tener una dirección no es ninguna tontería. Quiere decir que tienes acceso a los presupuestos y que estás presente en la Junta de Gobierno donde se toman las decisiones.

Queríamos convertir el Hospital en un centro especialmente pensado para niños, diferente a todos los demás. En la corta distancia, no teníamos dudas; los profesionales, en especial los equipos de enfermería, aseguraban la humanización, pero ¿qué pasa con todas las demás necesidades de un niño? Jugar, distraerse, no tener miedo, no perder las clases (los más mayorcitos), no separarse de sus padres, seguir viendo a sus amigos... Lo primero que hicimos fue ver qué teníamos ya: los voluntarios, las maestras, los Pallapupas comenzaban entonces... y qué podíamos añadir o potenciar. Y entonces descubrí a Núria.

¿Núria Serrallonga?

Sí, Núria era una enfermera que trabajaba en planta y que había ido a Estados Unidos a estudiar *Child Life*, figura profesional que da apoyo emocional a los niños con enfermedades graves u hospitalizados. Núria había hecho un proyecto que, no sé de qué manera, había llegado a manos del hermano Quim y le había enamorado. Cuando me lo trajo y comencé a leer, me sorprendió muchísimo porque nunca había oído hablar de todo aquello que explicaba. Enseguida quise conocer a Núria e integrarla en mi equipo. Al principio, ella estaba sola y tuvimos que priorizar. Por eso comenzó atendiendo a los niños que tenían que entrar en quirófano para someterse a intervenciones complejas.

¿Qué acogida tuvo esta iniciativa?

Al principio, algunas enfermeras no entendían la labor de Núria, pensaban que no era necesaria, que ellas ya lo podían hacer. No comprendían que hay que tener una preparación especializada y tiempo para decidir qué recurso necesita el niño en cada momento. Y hacérselo entender costó un poco. Desde fuera, puede parecer que una *Child Life* está simplemente jugando con el niño, cuando, en realidad, el juego es solo un medio para conocer los miedos que tiene para poder ayudarle a afrontarlos. Por eso, me resistía a que hubiera gente haciendo este trabajo sin la formación necesaria. Y creamos un máster de Child Life, porque no encontrábamos profesionales con este perfil en España.

Con el tiempo, los profesionales se fueron dando cuenta de la utilidad de este tipo de intervención. Los niños llegan de otra manera al quirófano, más tranquilos y, seguramente, necesitan menos anestesia o tranquilizantes, y se recuperan más rápido. También ayudó muchísimo la incorporación de médicos que se habían formado en Estados Unidos que conocían muy bien esta figura y pedían la intervención de Núria, nuestra *Child Life*, en casos difíciles.

Hoy, a mí me sorprende y me emociona que, cada vez que se plantea un nuevo servicio, de la misma forma que se prevé las enfermeras que serán necesarias, se cuente con la incorporación de una *Child Life*. Ahora ya se reconoce como una pieza imprescindible del equipo. Ojalá Núria viviera para poder verlo. Ella fue la inspiradora principal de muchas de las iniciativas de humanización que lanzamos en aquellos años. No quiero quitarme mérito, pero en más de una ocasión, yo me limité a apoyarlas y a buscar la financiación necesaria para tirarlas adelante.

La humanización forma parte del ADN de Sant Joan de Déu. Quizá la gran novedad de todas las iniciativas humanizadoras que se introdujeron entonces fue que, por primera vez, guardaban una relación directa con la asistencia clínica, que tenían una función terapéutica.

Sí, y, por esta razón, en todos los casos eran profesionales con formación especial para ejercer en un hospital. Ni los Pallapupas ni los músicos, ni los equipos de terapia asistida con animales, eran voluntarios. Todos eran servicios contratados sobre los que yo podía exigir responsabilidad, formación, etc. Porque si queríamos que la labor que hacían tuviera una finalidad terapéutica, tenían que estar especialmente formados para ello.

Viajasteis mucho para conocer qué se hacía en otros hospitales del mundo...

Sí. Viajamos por Europa, pero sobre todo a Estados Unidos. Allí todos los hospitales son privados y necesitan diferenciarse. Por eso, y como todos son buenos en asistencia, compiten en estructuras y en servicios a las familias con el fin de atraer pacientes. En muchos hospitales, por ejemplo, disponen de salas donde los padres pueden teletrabajar mientras tienen a sus hijos ingresados; de cuartos con lavadoras donde pueden lavar la ropa, descansar, compartir... y multitud de servicios orientados a brindar apoyo a las familias. Cada vez que viajábamos a Estados Unidos, volvíamos alucinados y con el deseo de implantar aquí muchas de las iniciativas que allí ya estaban muy consolidadas. Recuerdo la primera vez que Manel y yo nos cruzamos con un perro saliendo de una habitación. ¡No dábamos crédito!

Otro aspecto fundamental y clave del modelo que pudimos constatar en los viajes es la presencia sin límite de los padres junto a sus hijos. A la vuelta, nos pusimos manos a la obra, no tanto en hospitalización, donde ya no existían horarios de visita desde años atrás, sino en los servicios especiales en los que la entrada de padres estaba restringida.

¿Cómo lo conseguisteis?

Debo reconocer que hubo servicios que lideraron el modelo en muy poco tiempo: Urgencias, Neonatos, quirófanos de cirugía ambulatoria (¡que se atrevieron a dejar entrar a la madre y a los payasos!), las plantas de maternidad con la supresión de las *nurseries* para no separar a los recién nacidos de sus padres... Y no fue tarea fácil para los profesionales porque entonces las instalaciones no eran las de ahora. Fue un esfuerzo que solo la gente de esta casa es capaz de hacer.

Cada año, cuando hacíamos las sesiones informativas de junio y diciembre, mostrábamos todos estos logros para que otros profesionales se animaran a implantarlos en sus servicios. Porque era un beneficio para los niños y también para ellos, porque los pequeños estaban más tranquilos al lado de sus padres. Y, poco a poco, conseguimos que los padres pudieran acompañar a sus hijos incluso en los quirófanos centrales, hasta que el niño quedaba dormido.

Otra de las iniciativas innovadoras y rompedoras del Paidhos fue crear un espacio para las asociaciones. Ningún hospital tenía...

No. Cuando decidimos crearlo, hubo quien nos dijo que nos habíamos vuelto locos, que estábamos metiendo el enemigo en casa, que las familias de pacientes son buena gente, pero que no te dejan vivir... Y la verdad es que fue justamente lo contrario. Las asociaciones estaban encantadas.

Les ofrecimos un espacio del Hospital para que pudieran recibir a las familias de los pacientes, hablar con ellas, guardar sus cosas, exponer sus folletos... y les asignamos una persona de nuestra plantilla para que les diera apoyo. Y fue un éxito rotundo. Trabajamos y organizamos muchas cosas con ellos.

Y entonces llegó la crisis económica... ¿Temiste en algún momento que pusiera en peligro la viabilidad de todas estas intervenciones?

La verdad es que no, porque todas estas iniciativas estaban financiadas gracias a donaciones. En algún momento alguien insinuó que estas donaciones se podían dedicar a otras cosas, pero era inviable plantearle a un donante que pagara el salario de una enfermera o un médico.

Las donaciones también han servido para dar un plus a los espacios que se han ido creando o reformando en el Hospital...

Sí, con el dinero del CatSalut podíamos hacer reformas como las que tienen todos los hospitales. Pero para hacer el hospital que queríamos, con el diseño y colores que queríamos, con espacios para las familias, con todos estos extras que eran resultado o producto de nuestra manera de concebir la asistencia, necesitábamos las donaciones de la sociedad civil. Y yo creo que es lícito que sea así. La Administración tiene que cubrir las necesidades asistenciales, pero los pluses para ser un hospital especial está bien que los comparta la sociedad civil. Nosotros pensábamos que la comunión entre la Administración y la sociedad civil es buena porque hay un compromiso con la gente que después atenderás. Ese era el modelo de hospital que habíamos visto en Estados Unidos.

Recuerdo que en aquellos años yo siempre hacía lo mismo. Comenzaba con una iniciativa más o menos pequeña, y con muy pocos recursos. Después venía Manel, lo veía y lo profesionalizaba. Esto me pasó, por ejemplo, con el interiorismo. Conseguimos «pediatrizar» la planta 8 de hospitalización gracias a una fundación, y comenzaron a venir periodistas y gente de todas partes a verla. Aunque el diseño no acabó de cuajar, sí lo hizo el concepto. A raíz de esto, se convocó un proyecto de interiorismo y se acabó rediseñando prácticamente todo el Hospital. Y la verdad es que tuvimos mucha suerte.

¿Por qué?

Porque el proyecto lo ganaron los interioristas Rai Pinto y Dani Rubio, que entendieron a la primera que en el Hospital se atienden niños de cero a dieciocho años, y que era necesario encontrar un diseño que pudiera gustar tanto a niños pequeños como a adolescentes. Ellos propusieron un diseño de un interiorismo basado en los animales que ofrece diversos grados de lectura. En oftalmología, por ejemplo, hay un móvil en que cada bola corresponde a la medida del ojo de un animal. Los más pequeños ven un conjunto de bolas de diferentes tamaños y colores, mientras que los más mayores pueden comparar el tamaño de los ojos de los animales. Esta línea de los animales y de que cada cosa tenga una gracia para cada franja de edad se replica en todo el Hospital.

Aún no se había completado la reforma del Hospital cuando llegó una nueva crisis y tuvisteis que optar por la internacionalización. Entonces estabas en el comité de dirección. ¿Hubo mucho desacuerdo?

Más que no estar de acuerdo, algunos directivos teníamos dudas y un cierto temor porque implicaba gastar más dinero para adecuar el Hospital en un momento de crisis. Las infraestructuras todavía no estaban acabadas; no teníamos rotulación en otros idiomas; había que poner gente a tirar de este carro; había que acondicionar nuestros circuitos internos y operaciones pidiendo un esfuerzo adicional a unos profesionales cansados y afectados por los recortes en su salario; teníamos que convencer a los hermanos de la oportunidad de la decisión a pesar del riesgo y, además, no teníamos ni idea de cómo hacerlo porque no lo habíamos hecho nunca...

La verdad es que la primera vez que se planteó, a mí también me pareció una idea de locos. Lo que ocurre es que Manel del Castillo siempre me convencía enseguida. «¿A ver cómo explicas que no tenemos ni un duro y que incorporamos una dirección internacional?» —le decíamos—. Y claro que lo explicó. Hizo una política de comunicación espectacular durante la crisis. En algún momento se fue a pasear por el Hospital, de día y de noche y en fin de semana, para explicar, planta por planta, la internacionalización.

¿Recuerdas la charla en que se lo comunicó por primera vez a los profesionales?

Por supuesto. Yo le ayudé a prepararla. Había muchos nervios. Recuerdo que en aquella ocasión, por primera vez, a mitad de la presentación le cambié el idioma de las diapositivas y las puse en castellano. Yo estaba convencida de que necesitábamos toda su fuerza comunicativa. Tenía que hablar con el corazón, con los sentimientos y eso solo se logra hacer en la lengua materna. Él ni se dio cuenta. Nunca en mi vida había visto a un jefe de una institución anunciando que no se cobraría la paga doble y que se abría un futuro incierto, y la gente le aplaudiera.

Y es que la gente de esta casa es increíble. Lo que pasa aquí no pasa en otros lugares. Que un niño no come, sube la cocinera y le pregunta qué quiere y se lo prepara; que otro está aterrorizado porque le tienen que hacer un análisis de sangre, acude un perro y mientras lo acaricia ya le han extraído la sangre sin que se dé cuenta; que un niño tiene una enfermera «preferida», pues esta acude, aunque «no le toque»...

Recuerdo que había un niño con un problema neurológico ingresado en la UCI que, según explicaba su madre, se tranquilizaba mucho con los mensajes de voz del metro. La madre relataba que cuando el niño estaba tenso, se lo llevaba al metro y pasaban un buen rato de una estación a otra. Pues una profesional del Hospital que se enteró de ello hizo gestiones para poder conseguir una cinta grabada de Transports Metropolitans de Barcelona y se la llevó para que el niño pudiera escucharla durante su ingreso. Hay miles de detalles de este tipo que llenarían un libro...

Hace ocho años que te jubilaste. ¿Cómo ves ahora el Hospital, desde la distancia?

Me siento muy satisfecha al ver que lo que hicimos no solo no se ha tirado atrás, sino que se ha multiplicado. Para mí es una alegría infinita, porque a veces ocurre que, cuando tú no estás, algunas de las cosas que has hecho se acaban muriendo...

Tú soñabas con que el Hospital acabara siendo como algunos de aquellos centros que habías visitado en tus viajes a Estados Unidos. ¿Se ha conseguido? ¿Se parece hoy?

Yo diría que es incluso mejor. Actualmente, es el mejor hospital pediátrico de Europa. Estoy segura.

¿Y cómo ves sus perspectivas de futuro? El proyecto Únicas, por ejemplo.

El Hospital ha tomado velocidad de crucero y estoy convencida de que cualquier cosa que se plantee la sacará adelante porque ya es muy reconocido. Hay una frase de Sarah Ban Breathnach que dice: «El mundo necesita soñadores y el mundo necesita hacedores. Pero, sobre todo, el mundo necesita soñadores que hacen». Creo que esta frase ilustra perfectamente el trabajo de los años que tuve la inmensa suerte de compartir con Manel y con todos y cada uno de los compañeros y amigos con quienes viví muchas más alegrías que penas. Este Hospital es un orgullo para nuestro país.

Jordi Carranza

Camillero

Jordi Carranza entró a trabajar en el Hospital en el verano de 1990. Nunca había trabajado en el ámbito de la salud. Un conocido del Hospital le animó a presentar su currículum y empezó a hacer suplencias como camillero. Recuerda que el primer día salió llorando, pero también convencido de que había encontrado su lugar.

«Los camilleros tomamos el pulso del Hospital porque, llevando pacientes de un lado a otro, tenemos la oportunidad de hablar con profesionales de todos los servicios y estamentos, escuchar sus preocupaciones e inquietudes.

»Cuando el Hospital comenzó a atender niños de toda España, por un lado, pensábamos que estábamos ganando proyección y que cada vez nos consideraban mejor fuera, pero a la vez sentíamos más que nunca el peso de la responsabilidad. Para muchas familias era una última oportunidad para conocer la enfermedad de su hijo, o para una intervención que en su lugar de residencia no se hacía o no había salido como se esperaba...

»Al anunciar la internacionalización, la verdad es que no fuimos muy conscientes de lo que ello suponía. En una situación de crisis tan complicada como la que estábamos viviendo, confiamos en la Dirección del Hospital porque, a pesar de las dificultades y recortes, no despidieron a gente y seguíamos cobrando —aunque menos—. En una situación tan difícil, que alguien apunte una solución, aunque sea un poco a la aventura, no lo cuestionas. Lo sigues.

»Con el pasar de los meses, muchos profesionales comenzaron a dudar. Cuando hablaba con los mandos intermedios, en cambio, los veía convencidos de que íbamos por el buen camino. Explicaban que los indicadores se iban cumpliendo, que estábamos al nivel de otros hospitales prestigiosos del mundo, hablaban de nuevos proyectos...

»Haber salido con éxito de esta empresa, nos da confianza a pensar que será igual con otros proyectos.»

Charo Cintora

Enfermera especialista en pediatría entre 1975 y 2018

Charo Cintora llegó al Hospital por casualidad. Al terminar los estudios de enfermera, obtuvo una plaza en otro hospital de Barcelona, pero una compañera de estudios que trabajaba en Sant Joan de Déu le pidió que la supliera durante dos meses para poder viajar a una misión a Madagascar. Para ello, Cintora pidió una excedencia en el centro donde trabajaba y ya no regresó. Se quedó en Sant Joan de Déu hasta que se jubiló cuarenta y dos años después.

«El proceso de especialización que inició el Hospital hace veinte años resultó abrumador para las enfermeras. La llegada de pacientes de toda España que requerían cuidados complejos supuso una gran carga de trabajo para nosotras: precisaban más cuidados y más individualizados y, para podérselos dar, necesitábamos de más manos, porque la ratio de enfermeras por planta que teníamos entonces estaba pensada para un perfil de paciente mucho menos complejo.

»Fue una época difícil, pero muy enriquecedora, porque tuvimos que trabajar intensamente para realizar planes de cuidados, protocolos, procedimientos, indicadores de calidad, seguridad del paciente..., pero también es verdad que en esa época se visibilizaron mucho los cuidados de enfermería.

»Cuando comenzaron a llegar pacientes de todo el mundo, fue todo un reto y también una oportunidad. Recuerdo que todo mi interés se centró en conocer las culturas de los pacientes que nos llegaban. Recuerdo, por ejemplo, que en las habitaciones de pacientes chinos era mejor no utilizar según qué numeración, en concreto el número 4, y que, en algunas partes del cuerpo era mejor no canalizar vías de infusión intravenosa.

»Fue una oportunidad, pero que no estuvo exenta de dificultades. Algunas culturas tienen una concepción muy distinta de la mujer y eso daba lugar a situaciones en que las enfermeras no se sentían bien tratadas. Todo esto se fue reconduciendo y arreglando con el tiempo.»

Ofelia Cruz

Pediatra oncóloga

Ofelia Cruz apenas conocía el Hospital. Fue una de las pediatras del Hospital Clínic que se incorporaron a la plantilla del Hospital, en su caso al servicio de oncología, cuando los dos centros acordaron fusionar sus servicios de pediatría a finales de 1993. Ha trabajado durante más de treinta años en el Hospital, hasta su jubilación en 2025.

«Al Hospital comenzaron a llegar pacientes de fuera atraídos, sobre todo, por los ensayos clínicos que estaban llevando algunos compañeros, o referenciados por otros colegas del resto de España que nos conocían a través de foros profesionales, en congresos y otros encuentros. También nos ayudó que cada vez se hablara más de nosotros en los medios de comunicación.

»Eran pacientes muy complejos y con la enfermedad muy avanzada. Supuso, sin duda, un desafío que nos ha obligado a buscar nuevas soluciones de tratamiento y a trabajar intensamente para mejorar. Esta complejidad ha impactado en todos los elementos del Hospital, y ha implicado a todos los estamentos y servicios. Ha sido un desafío, sí, pero que nos ha impulsado hacia adelante.

»Las familias también nos han ayudado mucho. Siempre se han mostrado muy agradecidas, incluso en aquellos casos en que no pudimos salvar las vidas de sus hijos porque las enfermedades que tenían eran incurables. Si antes se presentaban en la consulta con cajas de bombones y nos enviaban fotos de sus hijos para que viéramos cómo iban creciendo, en los últimos años son cada vez más las que muestran su agradecimiento aportando o recaudando fondos para ayudarnos a crecer y avanzar.

»Recuerdo el caso de una familia que solicitó una visita de segunda opinión en el Hospital porque su hija tenía un cáncer con un pronóstico muy malo. Tiempo después, me enteré de que habían recaudado fondos a favor del Hospital. Otra familia que perdió a su hija decidió donar muestras de la necropsia para poder investigar. Tenemos muchos casos así. Cada familia ayuda de la manera que puede.»

Juanjo García

Jefe de Pediatría entre 2013 y 2025

Juanjo García trabaja en el Hospital Sant Joan de Déu Barcelona desde el año 1992. Entró a formarse como médico residente y ya no se marchó porque, aunque le surgieron otras oportunidades laborales, «la filosofía de Sant Joan de Déu encajaba muy bien con mi manera de pensar» y porque el centro «ya estaba inmerso en un proceso de crecimiento —el Hospital acababa de establecer alianzas con la Universitat de Barcelona y el Hospital Clínic— donde podría desarrollarme profesionalmente». Al acabar la residencia, fue encadenando un contrato con otro, y asumiendo diferentes responsabilidades en el Hospital. En el año 2013 fue nombrado jefe del Servicio de Pediatría y en 2025, director médico.

«La situación de nuestro Hospital es peculiar. En la mayoría de los hospitales, la pediatría es un servicio, pero en un centro monográfico como el nuestro es lógico que haya un servicio de pediatría —que puede ser equivalente a un servicio de medicina interna en un centro de adultos—, y que las especialidades vayan ganando protagonismo, como ha sucedido en nuestro caso.

»En ese proceso, el Hospital ha ganado relevancia y eso nos beneficia a todos, a los pediatras especializados y a los generalistas. Nosotros, los generalistas, quizá hemos perdido protagonismo, pero ahora tenemos más oportunidades de desarrollo profesional. Trabajamos en un hospital con prestigio y nosotros formamos parte, contribuimos a ello, y también tenemos nuestro reconocimiento.

»El trabajo que realizamos hoy los pediatras generalistas es muy distinto al que hacíamos hace quince años, porque las patologías que tratamos ahora son muy diferentes, pero seguimos siendo igualmente útiles y necesarios. Muchos de los niños con enfermedades complejas que se atienden en el Hospital tienen que ser tratados por diferentes especialidades y es preciso contar con la visión más global de algunos profesionales que, en el momento adecuado, impliquen

SJD

al especialista pertinente. Esa es nuestra labor: repartir juego. En voleibol existe una figura parecida, la del colocador. El jugador que ocupa esta posición marca muy pocos puntos, pero en todas las jugadas interviene; en todas, toca la pelota. Es el único que lo hace, es quien reparte el juego. Si un equipo no tiene un buen colocador, no funciona. De la misma manera, si un hospital no dispone de unos buenos servicios generalistas (y no solo hablo de un buen servicio de pediatría, sino también de urgencias o de una buena UCI), tampoco.

»Por ello digo que seguimos siendo útiles y necesarios. No somos los protagonistas ni salimos la mayor parte de las veces en la foto, pero esto tampoco es lo más importante.»

Rebeca Sánchez

Madre de Sira

Rebeca pisó por primera vez el Hospital Sant Joan de Déu Barcelona cuando contaba solo seis años de edad. Y no lo hizo como paciente, sino para acompañar a su hermano, cinco años menor que ella, nacido con una hidrocefalia y graves problemas de salud que requerirían de muchas intervenciones y seguimiento. Confiesa que guarda algunos recuerdos de aquella época que, posiblemente, habría acabado olvidando si no hubiera sido porque casi treinta años después tendría que volver a Sant Joan de Déu, esta vez para tratar a su hija Sira, nacida con una mucopolisacaridosis tipo VII o síndrome de Sly. Desde entonces viene con frecuencia al Hospital y no solo para acompañar a su hija a las visitas. Ahora es una de las madres que forma parte del Consejo de Familias, un órgano impulsado por el centro para conocer las necesidades y propuestas de mejora de las familias.

«Cuando venía con mi hermano, me parecía que el suyo era el caso más complejo del Hospital porque entonces no trataban tantos niños con pluridiscapacidad como ahora. Cuando regresé con mi hija, hace diecisiete años, tuve la sensación de que el Hospital no había cambiado mucho. Recuerdo las escaleras que había a la entrada, unas salas de espera pequeñas y repletas de gente, y las habitaciones compartidas, sin intimidad... Pero también recuerdo que, a pesar de lo asustados que estábamos, el primer ingreso de Sira no fue una mala experiencia para nosotros, por el trato que nos dispensaron los profesionales.

»Desde entonces, el Hospital ha cambiado muchísimo, es otro hospital y eso ayuda. Los espacios son más agradables y amplios, y esto representa un cambio radical para los pacientes que tienen movilidad reducida, aunque todavía quedan temas de accesibilidad por mejorar. Puede que alguien le dé una importancia menor a esta cuestión, que piense que se malgasta el dinero en diseño, pero el color, los espacios, la

CHOOSE
ROCK

claridad también son importantes. Evidentemente, es importantísimo que los profesionales dispongan de la tecnología más puntera, pero crear un entorno agradable también ayuda.

»En los últimos años, he percibido un cambio en la atención hacia los niños. Ahora, en general, los profesionales se dirigen más directamente a Sira cuando la visitan. Sé que desde el Hospital se ha trabajado en ello y nosotros lo hemos notado. Y también se nos tiene en cuenta a las familias. Yo misma formo parte del Consejo de Familias, un órgano creado por el Hospital para conocer nuestras necesidades y opiniones, y donde se nos consulta sobre cuestiones muy diversas.

»A veces pienso que en el Consejo somos muy críticos y exigimos mucho, pero, aunque todavía hay cosas que mejorar, el Hospital Sant Joan de Déu Barcelona está a años luz de otros hospitales que conozco. En instalaciones, humanización, innovación... En todo. Ha evolucionado mucho. Ojalá en todos los centros se siguiera la misma trayectoria y se tuviera la misma voluntad de cambio.»

Los orígenes: un centro de beneficencia durante más de cien años

Lourdes Campuzano

El Hospital Sant Joan de Déu Barcelona nació, creció y se sostuvo durante más de cien años gracias a las donaciones de la sociedad barcelonesa. El centro vio la luz en el año 1867, cuando el hermano Benito Menni fue enviado a España con la misión de restaurar la Orden Hospitalaria de San Juan de Dios.

Un decreto dictado el 5 de mayo de 1835 había abocado a la desaparición a esta y otras muchas órdenes religiosas al prohibir la admisión de novicios. Sin posibilidad de incorporar nuevas vocaciones, la Orden de San Juan de Dios fue languideciendo en España hasta que, con la muerte del prior general José Bueno, desapareció totalmente del territorio nacional en 1850.

El hermano italiano Benito Menni llegó a España diecisiete años después para restaurar la orden y lo hizo a una Barcelona convulsa, en pleno desarrollo industrial y aquejada de graves desigualdades sociales. Pronto vio la necesidad de crear en la ciudad un hospital que atendiera a los niños escrofulosos, raquíticos y disminuidos físicos más pobres.

Para lograr su objetivo, contó con el apoyo incondicional de la familia Plandolit, que lo había acogido a su llegada, y en especial del industrial catalán Nonito Plandolit Matamoros. Él fue quien alquiló, por 50 pesetas, la casa que acogería el nuevo centro. El hermano Ángel M.ª Ramírez Bayona expone en el *Libro Azul*[1] que «para la instalación del hospital buscaron un barrio extremo. En los suburbios de las capitales como Barcelona, las necesidades son siempre muchas. Instalándose en un lugar adecuado, los niños que necesitaran del hospital estarían más próximos a él; sus familias tampoco tendrían que recorrer grandes distancias para llevar a la consulta médica a sus pequeños».

Primeros pasos del asilo-hospital en Gracia

El lugar elegido fue una casa situada en el entonces pueblo de Gracia, en la confluencia de lo que son hoy las calles Muntaner y Rosselló de Barcelona. Allí abriría sus puertas el primer hospital monográfico infantil creado en España y uno de los primeros de Europa.

Inaugurado oficialmente el 14 de diciembre de 1867, el centro inició su actividad con una comunidad integrada por tres hermanos (además de Menni, Materno Seregni y Juan de Dios Bramon) y seis niños ingresados. El Hospital, con capacidad para acoger a 12 pacientes, no solo tenía como objetivo que los niños recuperaran la salud, sino también que, durante la convalecencia, recibieran la instrucción y formación escolar adecuada a su edad y condición.

La capacidad del Hospital era tan reducida y las necesidades tantas que, pronto, el centro se quedó pequeño. Y gracias, una vez más, a la ayuda de Nonito Plandolit, los hermanos de San Juan de Dios pudieron hacer frente a la compra del inmueble que acogía el Hospital y de unas casas adyacentes. Su intención era demoler estas últimas para poder ampliar el centro, y construir un Hospital más grande y adecuado a sus necesidades.

La nueva edificación, con una capilla y dos vistosos pabellones diseñados por el arquitecto Francisco de Paula del Villar, se inauguró oficialmente el 4 de diciembre de 1875. Constaba de una residencia sanitaria para 50 niños; una sala de urgencias para accidentados; dispensarios públicos, habitaciones para 12 hermanos y 12 novicios, y una capilla.

Sin embargo, los hermanos apenas podrían disfrutar de estas instalaciones porque muy pronto fueron embargadas. En el momento de la compra, la finca donde se levantaba el Hospital y las edificaciones que había se habían inscrito a nombre de Nonito Plandolit. Así lo habían acordado el industrial catalán y los hermanos de San Juan de Dios.

Corrían tiempos difíciles para las comunidades religiosas, que, con frecuencia, eran blanco de ataques y persecuciones. Joan Vendrell, periodista

Primera sede del Hospital, situado en la confluencia de lo que son hoy las calles Muntaner y Rosselló de Barcelona.

y estudioso de la vida y obra de san Benito Menni, cuenta en un artículo publicado en el número 15 de la revista *Archivo Hospitalario*, que el hermano acudió a solicitar la licencia para abrir el asilo-hospital vestido de paisano. «El Padre Menni consideró prudente ocultar su condición religiosa y se presentó —relata Vendrell— como un simple extranjero altruista y filántropo. [...] El Padre Menni usaba para estos casos un traje algo aristocrático que revelaba la condición de señor, mientras que los Hermanos, en su papel de sirvientes, vestían con modestia.»

También los limosneros de San Juan de Dios que recorrían las calles buscando fondos con los que sustentar el centro iban siempre vestidos de paisano, atendido el peligro que suponía para su integridad física si eran identificados por su condición religiosa. No es de extrañar, pues, que, en este contexto, los hermanos de San Juan de Dios y Nonito Plandolit creyeran que lo más conveniente era inscribir el Hospital a nombre del segundo para ponerlo a salvo de posibles persecuciones religiosas.

Ninguno de ellos pudo imaginar entonces que el industrial acabaría arruinado y que todos sus bienes, incluido el edificio del asilo-hospital, serían embargados. El inmueble fue valorado en 230.000 pesetas y los hermanos, ante la imposibilidad de hacer frente a esta inversión para recuperarlo, y la convicción de que el inmueble no era ideal para el uso hospitalario, optaron por buscar un nuevo emplazamiento y trasladar el Hospital.[2]

Traslado a la Diagonal

Poco después, compraban por 95.000 pesetas una finca de 32.044 metros cuadrados de superficie en el pueblo de Les Corts (todavía no anexionado a la ciudad de Barcelona). Conocida como Prat d'en Rull, la finca estaba situada entre las calles Saldoni (hoy avenida Diagonal) y Sant Francesc de Borja (hoy calle Déu i Mata).

«La casa tiene capacidad, aunque modesta, para los fines hospitalarios», explica José Cruset en el libro de Juan Ciudad Gómez, *El resurgir de una obra*. La describe como «una casa señorial, con tres pisos, bodega, terreno abundante, huerto y mina propia» que se tendría que reformar, e incluso ampliar, en el futuro, con nuevos edificios para aprovechar mejor el terreno.

Exterior del edificio, situado en lo que es hoy la Diagonal, donde se trasladó el Hospital tras abandonar el barrio de Gracia.

El centro se trasladó a la Diagonal en 1881. Las obras de ampliación comenzaron poco después. Se iniciaron el 26 de febrero de 1882 y se llevaron a cabo de manera progresiva, en función de los recursos económicos disponibles, hasta entrados los años treinta del nuevo siglo.

Del hospital de la Diagonal no queda nada. Después de que los hermanos lo vendieran para trasladar el centro a Esplugues, se acabó demoliendo y en su emplazamiento se levanta hoy un centro comercial, L'illa Diagonal. La memoria del Hospital más antigua conservada, y que data de 1912, permite hacernos una idea muy aproximada de cómo era e incluso recorrerlo mentalmente:

> Un espacioso vestíbulo conduce por la derecha a varias salas de espera o recibidores, por la izquierda, siguiendo un claustro que rodea a un hermoso jardín, se encuentra el despacho del superior; más allá, un bonito departamento de baños y duchas, sencillo pero bien montado; luego, los talleres y la ropería, a continuación, el comedor general de los niños con abundante luz y ventilación, lo propio que la cocina, toda ella cubierta de azulejos de alto a bajo, incluso los techos, las escuelas, construidas con arreglo a los últimos adelantos científicos, provistas de bancos higiénicos para evitar la escoliosis (torceduras), salas de música para la enseñanza de canto, piano, harmonio, flauta, violín, contrabajo, etc.
>
> Hacia el Norte y separada de las anteriores dependencias, hay un gran salón, donde los asilados reciben las visitas de sus deudos. Sirve también, en ocasiones, para distraer a los niños con proyecciones cinematográficas, veladas, etc.
>
> Si en vez de seguir la planta baja, ascendemos al piso principal, por la escalera que desde el vestíbulo hasta él conduce, quedaremos gratamente sorprendidos al penetrar en la enfermería, orientada al Noreste Suroeste, sin edificios que impidan su completa ventilación por ninguno de sus cuatro costados, de elevado techo, paredes pintadas de color verde-claro que anima la estancia, con zócalo o arrimadero de artístico azulejo, y el suelo de baldosa fina, limpia, constantemente reluciente, y nos habremos hecho cargo, a la vez, de lo que es una enfermería perfecta, como difícilmente se encontrará en ninguno de los establecimientos similares.

Próxima a ella se presenta una azotea de setenta y cinco metros de largo por diez de ancho, en cuyo centro se halla instalado un pequeño edificio para enfermedades infecciosas exclusivamente.

Frente a la enfermería está situado el departamento de curas antisépticas, diarias, para los asilados. Siguiendo por el claustro en igual dirección que lo hicimos por la planta baja, encontramos el comedor, estancia y azotea de los niños inválidos, los cuales disponen de espaciosas habitaciones, con sol en abundancia.

Siguen tres amplios dormitorios, de inmejorables condiciones, con sus correspondientes cuartos de aseo.

Algo más adelante, y separado de los anteriores, el de tiñosos.

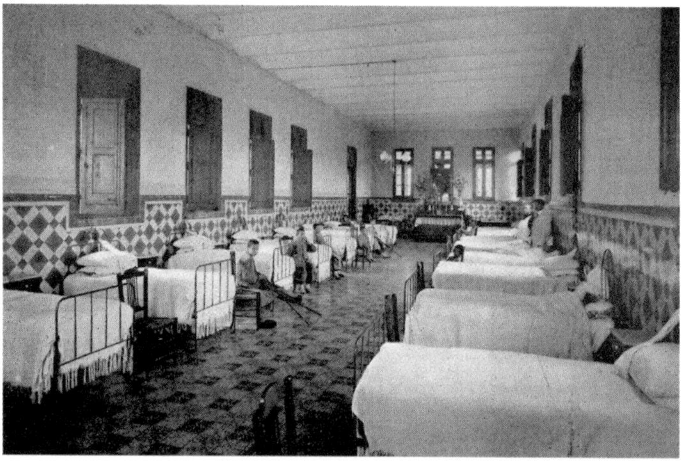

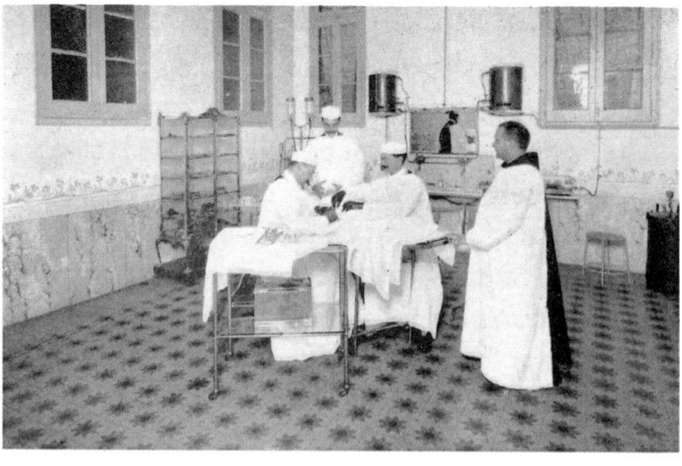

Habitación y quirófano del antiguo Hospital de la Diagonal.

Luego encontramos el gabinete de especialidades, destinado a radiografía, radioterapia, oídos, nariz y garganta, oculista, dentista, etc. En lugar inmediato, una habitación con camas para los operados, sala y antesala de operaciones, sala aséptica y sala antiséptica, farmacia, etcétera, sin que haya nada de superfluo, ni falte tampoco nada de lo necesario y conveniente, según los adelantos modernos.

El gimnasio, situado en la planta baja, está en inmediata comunicación con grandes salones destinados a recreo, en los días que el estado del tiempo impide que lo verifiquen en los contiguos y extensos patios, poblados todos de plátanos y acacias.

En un extremo del Asilo se halla el departamento de los tiñosos, con escuela, comedor, salón para recreo, un patio al Sur y otro al Norte.

La huerta contiene tres estanques de grandes y variadas dimensiones, que constituyen las delicias de los niños durante el verano. Existe además en ella un frondoso paseo de tilos, con sus bancos de piedra, para apacible descanso.

Una memoria posterior, fechada en 1922, detalla cómo vivían en él su día a día los niños ingresados:

En cuanto a la luz y aire, la casa está admirablemente dispuesta para ello. Situada en las afueras de la ciudad, rodeado el edificio de extensa huerta y campos de juego, poseyendo en el centro el gran patio de las palmeras y magníficas terrazas al nivel del piso principal; con habitaciones espaciosas, techos elevados, entrando la luz a raudales por todas partes, no se le puede exigir más ni mejores condiciones desde este punto de vista. Los niños pasan el día al aire libre, ya en salas con ventanas abiertas, ya en galerías o en las terrazas. Los que acuden a las escuelas tienen largos ratos de recreo o juegos en los grandes patios.

El traslado a la Diagonal permitió a los hermanos ampliar el abanico de patologías que trataba el centro. En la memoria de 1922 se detalla el perfil de los pacientes que ya atendía en aquellas fechas: había lisiados, paralíticos, ciegos, afectos de deformidades congénitas, de raquitismo, de tuberculosis externas o quirúrgicas, y de enfermedades de la piel y cuero cabelludo (tiña, principalmente).

> De estos niños, una pequeña minoría (ciegos, amputados de pierna, ciertos lisiados) no son susceptibles de tratamiento médico; para ellos la Casa es un albergue y una escuela: se les educa y se les instruye.
>
> Pero la mayoría de ellos, afectos de enfermedades curables, como la tuberculosis y las tricofitias, o deformidades congénitas (pies zambos, sindactilia, labio leporino, hernias, etc.) o adquiridas (por raquitismo, parálisis, tuberculosis, etc.), han de ser sometidos a un tratamiento casi siempre largo, minucioso y complejo. Para estos la Casa es un Hospital o un Sanatorio, donde se ponen en curación sus dolencias a beneficio de múltiples recursos terapéuticos (medicaciones variadas, inyecciones, vacunas, sueros, helioterapia, operaciones, vendajes, etc.), pero también ellos asisten a la escuela, cuando su estado lo permite.

El doctor Riba de Sanz, director del asilo, detallaba en 1929 que «ese curso» había comenzado a funcionar un dispensario para atender la curación de aquellos niños que, por su edad, falta de plaza o por otras circunstancias, no podían ser internados. En esas fechas, el Hospital contaba ya con un sanatorio en Calafell, que había podido construirse gracias a la donación de una dama barcelonesa, para el tratamiento de los niños afectados de tuberculosis ósea.

Un hospital de pediatría general en Esplugues

En 1955, el Hospital necesitaba dar un nuevo paso. Era preciso ampliar y modificar los servicios ante el continuo y paulatino aumento de niños que acudían, cada vez por motivos más diversos. Gracias a una campaña benéfica de Radio Nacional de España, el centro pudo ampliar sus consultorios y abrir nuevos servicios para atender muchas de las especialidades relacionadas con la asistencia al niño enfermo.

Era solo el principio del gran cambio que transformaría el Hospital en las siguientes décadas. El hermano y médico psiquiatra Ramón Ferreró[3] opina en el *Libro Azul* que esta campaña benéfica fue la que «remontó el asilo-hospital de San Juan de Dios al ritmo moderno de los centros asistenciales de la ciudad». Explica que, aunque muchos seguían creyendo que San Juan de Dios funcionaba como un asilo tradicional, el centro había cambiado: «Los niños entraban y salían del hospital, según la evolución de sus dolencias. El ritmo de sus quirófanos, el de sus consultorios y el de sus enfermerías había aumentado, permitiendo el paso de un mayor número de enfermos al cabo del año».

El hermano Ciriaco Nuin Eugui vivió y lideró como provincial el proceso de reflexión y replanteamiento del futuro que surgió en los años siguientes y que concluiría con el traslado del Hospital pocos años más tarde. «Fue un momento bastante difícil —recordaba en 2023— porque se tenía que romper con los sistemas que había tenido y abrirse a otras actividades. Para hacer ese trabajo, nombramos director médico a Don Joaquín Plaza Montero. Él concibió muy bien la idea de hacer un hospital general.»

Para avanzar hacia ese modelo de centro, el de un hospital de pediatría general, era necesario transformar totalmente el Hospital para adaptarlo a las nuevas necesidades. Muchos espacios del complejo de la Diagonal, como es el caso de las grandes terrazas de que disponía el centro para el tratamiento de las enfermedades óseas, ya no tenían razón de ser. Y otros, como los grandes dormitorios colectivos, tenían que transformarse en habitaciones individuales. Además, se necesitaban espacios adecuados para ubicar las consultas; más espacio y nuevos medios para los servicios centrales...

El reto era mayúsculo. Se trataba de reordenar todo el Hospital, de hacer uno prácticamente nuevo en la que era su ubicación entonces, o de construir uno en otro emplazamiento. El hermano Ciriaco considera que hubiera sido «muy útil y bueno» haber construido el nuevo hospital en los terrenos de la Diagonal. De hecho, esta posibilidad llegó a plantearse muy en serio. Lo relata Joaquín Plaza en el libro conmemorativo del 125 aniversario del Hospital:

> Una primera posibilidad era la utilización de una parte de los 30.000 m^2 de que disponía el orden hospitalario en el recinto de la Diagonal. Esto hubiera comportado la construcción de un edificio que se adaptase a las nuevas perspectivas de la asistencia médica y la venta del resto del terreno, con la finalidad de poder cubrir una buena parte de los gastos de la obra.
>
> La propuesta se llegaría a plasmar en un proyecto y una maqueta, pero se descartó porque pronto se vio que, con esta solución, el nuevo hospital nacería constreñido y falto de posibilidades de expansión futura a la vez que se desperdiciaba una posibilidad financiera bastante importante.

La posibilidad financiera a la que se refiere Plaza era la venta de los terrenos de la Diagonal que, con los años, habían adquirido un gran valor. Y es que el traslado del Hospital presentaba una ventaja ineludible y era que, con la venta del solar donde estaba ubicado entonces, la orden creía poder hacer frente al coste de las obras de construcción del nuevo centro.

Pero ¿dónde construirlo? Los responsables del Hospital encargaron entonces un estudio para decidir cuál era el emplazamiento más adecuado. Ese estudio concluyó que el nuevo centro debía estar situado en el sudoeste de la ciudad porque en aquella zona no existía entonces ningún centro de atención infantil (la Ciudad Sanitaria Príncipes de España, el actual Hospital de Bellvitge, era todavía un proyecto incipiente y no contemplaba, de forma específica, la atención pediátrica).

Así las cosas, el hermano Roberto Morales, superior de la Comunidad de San Juan de Dios en el Hospital desde 1968, inició la búsqueda de un solar. El hermano Roberto recuerda que vio tres terrenos; que uno de ellos, situado en la zona del Tibidabo, se descartó porque era «muy pequeño» y que, finalmente, se optó por un terreno a caballo de los municipios de Barcelona y Esplugues de Llobregat. «Porque lo que yo no quería –recalcaba el hermano en junio de 2023 desde la residencia de San Juan de Dios de Zaragoza– era alejarme de Barcelona, porque las autoridades nos ayudaban mucho.»

El terreno elegido tenía una ubicación privilegiada, según detallaba el doctor Plaza en un artículo publicado en 1969 en *Labor Hospitalaria*:

> El emplazamiento lo consideramos inmejorable. Un terreno de unos 30.000 metros cuadrados en forma de altiplano limitado al sur por un parque público, Miguel de Cervantes, y por el nudo de comunicaciones quizás más importante de la ciudad: el entrecruzamiento a diversos niveles del acceso a Barcelona por la Diagonal de la autopista que en su día unirá a la ciudad con Madrid y Valencia y del II Cinturón de Ronda, así como la antigua carretera de Esplugas que conservará todo su rango de comunicación comarcal. Todas estas vías, situadas a un nivel de 25 a 30 metros por debajo del terreno del Hospital, le proporcionarán acceso fácil desde cualquier punto de la ciudad o de la comarca, mientras que no constituirán la menor molestia que pueda turbar la tranquilidad requerida en toda función asistencial.

Una pequeña parte del solar correspondía a una torrentera situada en el término de Barcelona. El resto, en el término municipal de Esplugues de Llobregat. Fue justamente aquí donde se levantó el nuevo Hospital, que no solo atendería a la población infantil, sino que incorporaría también una clínica maternal para extender la asistencia a las mujeres embarazadas y recién nacidos.

Las obras del nuevo Hospital se iniciaron en 1969. El 30 de junio de aquel año se colocó la primera piedra en un acto solemne al que acudieron las autoridades del momento y al que el diario *La Vanguardia* dedicó una fotografía en portada. El texto que acompaña la imagen nos desvela alguno de los objetos que se enterraron junto a la primera piedra: «El capitán general de la IV Región, teniente general don Alfonso Pérez Viñeta, y señora firman el acta que fue enterrada con la primera piedra del nuevo Asilo-Hospital de San Juan de Dios, ceremonia en la que fueron padrinos».

Las obras de construcción se prolongaron tres años. Finalmente, el 8 de diciembre de 1972, el nuevo Hospital estaba preparado para recibir a sus dos

Acto de inauguración del Hospital en Esplugues de Llobregat, en febrero de 1973.

primeros pacientes: unos gemelos de ocho meses de edad que fueron intervenidos de antritis al día siguiente de su ingreso. Los servicios asistenciales se irían trasladando —en el caso de los ya existentes— o abriendo —en el caso de los nuevos— paulatinamente a lo largo del año siguiente.

La inauguración oficial del Hospital tuvo lugar ya entrado el año 1973. Entre el 3 y el 7 de febrero se llevaron a cabo diferentes actos para conmemorar la apertura del centro en su ubicación actual: los días 3 y 4 tuvieron lugar los actos de carácter social y religioso, y entre los días 5 y 7, unas jornadas científicas.

Miguel Mesalles, jefe de relaciones públicas del Hospital, realizaba poco después, para la revista *Información y Noticias*, la crónica de la inauguración oficial que aquí reproducimos:

> El sábado día 3, alumbró inundado de sol y de una temperatura agradable, casi veraniega. Los gallardetes y banderas lucían al aire sus vivos colores, si exceptuamos a la bandera-cinta que, sabiendo su destino de ser cortada, estaba tensa y estirada. Se respiraba un clima de fiesta grande e inusitada que infundía a todos, un nerviosismo estimulante y un anhelo de empezar cuanto antes. Iban llegando vehículos con los esperados invitados que empezaron a colocarse en los emplazamientos ya destinados. Arribaban más vehículos y vehículos que empezaron a achicar la gran explanada y la serenidad de los organizadores.
>
> Pocos minutos antes de las 5 de la tarde llegó el Excmo. Sr. Ministro de la Gobernación, don Tomás Garicano Goñi, a quien acompañaba el Gobernador Civil de la Provincia, don Tomás Pelayo Ros. Les dieron la bienvenida, en la entrada a la planta noble del Hospital, fray Francisco de Sales Carrasco, Procurador de la Orden en Roma; el Superior Provincial, doctor Ramón Ferreró; el hermano superior del hospital, José Antonio Torre; el Director Médico, don Joaquín Plaza Montero; el señor Gobernador Militar de la Plaza, general don Antonio Ruiz Ramón, que ostentaba la representación del Capitán General de Cataluña; General Jefe de la 2.ª Zona de la Guardia Civil, don Salvador Bujanda González; el Director General de Sanidad, don Federico Bravo Morate; Jefe del Sector Aéreo de Cataluña, general don Rafael Ybarra Pellón; el Alcalde de Barcelona, don José M.ª Porcioles y Colomer; el Presidente de la Diputación Provincial, don José M.ª de Muller

> y de Abadal; el Hermano Provincial de Andalucía, fray Sebastián Fernández y el hermano Fausto Alcolea en representación del Provincial de Castilla; Alcalde de Esplugas de Llobregat, don José Catalá, acompañado de sus Concejales, así como demás autoridades y representaciones de diversos estamentos barceloneses, distinguidos invitados, la Comunidad, Cuerpo médico y personal.
>
> A continuación, se pronunciaron los parlamentos, iniciándolos el hermano Torre, como Superior del Nuevo San Juan de Dios. A continuación, hizo uso de la palabra el doctor Plaza como Director Médico. A ambos, contestó el Ministro con una exposición llena de sentimiento y cordialidad. [...] Los tres discursos [...] fueron escuchados con complacencia, mediante altavoces debidamente situados, por el gran número de asistentes que ocupaban toda la explanada frontal a la puerta principal. Una vez finalizados, el señor Garicano Goñi cortó aquella cinta que daba acceso al nuevo hospital de la Orden Hospitalaria de San Juan de Dios que quedó, con esta solemne ceremonia, oficialmente inaugurado.
>
> Seguidamente, el señor Garicano Goñi, autoridades y jerarquías, con acompañantes e invitados visitaron a los niños hospitalizados y recorriendo, después, todas las dependencias del Centro [...] a las que dedicaron sinceros elogios, tanto a la distribución y funcionalidad del edificio como a todo el utillaje y material sanitario.

El nuevo hospital estaba formado por tres bloques o edificios dispuestos en forma de U a los que se podía acceder a través de una plaza. El edificio central, dedicado a la hospitalización infantil, tenía diez plantas de altura y acogía el servicio de urgencias; una zona de cirugía con seis quirófanos; cuidados intensivos, lactantes en alto riesgo y prematuros; cinco plantas de hospitalización con 154 habitaciones; y el servicio de rehabilitación de ortopedia. Anexo a este edificio, a la izquierda, el edificio de consultorios; y a la derecha, el bloque de maternidad, que disponía de dos quirófanos, dos salas de partos, dos de dilatación y 40 camas. En total, el Hospital contaba con un total de 300 camas, ampliables a 400.

Hacer realidad el nuevo Hospital fue más difícil de lo que habían previsto los hermanos. En una entrevista publicada en la *Hoja del Lunes* y reproducida en la revista *Información y Noticias* en abril de 1973, José Antonio Torre Gil,

Panorámica exterior del Hospital Sant Joan de Déu en 1973.

superior del Hospital en aquellas fechas, reconocía que el dinero obtenido de la venta de los terrenos de la Diagonal no había sido suficiente para financiar el nuevo centro y que este había podido acabarse gracias, una vez más, a las donaciones de la sociedad civil. «Cuando se pensó en el cambio, creímos que con la venta del terreno del antiguo hospital —explicaba— se podría cubrir la realización de este, pero la terminación de una obra siempre lleva unos presupuestos adicionales que no se pueden prever al principio [...]. El presupuesto inicial era solo de la obra, no se había incluido el de instalaciones médicas, mobiliario, como tampoco la urbanización interior y exterior del recinto del hospital, y a ello hemos de sumar la actualización de precios en el ramo de la construcción.»

Esta situación había provocado un desfase presupuestario de 200 millones de pesetas. La orden había calculado que necesitaría 200 millones para construir el nuevo Hospital: 50 para la compra del terreno y 150 más para la construcción. Pero al final requirieron el doble, 400 millones. Con la ayuda de una agencia publicitaria que se prestó desinteresadamente, el Hospital lanzó entre marzo de 1972 y febrero de 1973 una campaña con el fin de recaudar fondos que permitieran acabar de financiar el centro. Y, una vez más, Barcelona salió en auxilio de los hermanos y les ayudó a hacer frente a este gasto. «Barcelona ha hecho mucho por el hospital. Su ayuda ha supuesto unos 100 millones de pesetas; aparte, existen varias donaciones particulares que ya formaban parte del patrimonio y que no han sido todavía vendidas», declaraba en abril de 1973 el hermano José Antonio Torre.

Aparte de sufragar el coste de la construcción, los hermanos tenían que hacer frente, además, a los gastos de mantenimiento del nuevo centro. Ya en la Diagonal, en 1967 el centro había comenzado a cobrar algunas visitas, aunque a un precio muy reducido. Pero esos ingresos no eran suficientes para afrontar la nueva etapa. El hermano Ciriaco explicaba que «el nuevo Hospital, sin el concierto de la sanidad pública, no tenía sentido». Y en ello trabajaron los hermanos de San Juan de Dios con las autoridades del momento. El mismo año que el centro se trasladaba a Esplugues, el Hospital suscribía con la Seguridad Social un convenio para la asistencia sanitaria. Con una fuente de ingresos estable garantizada, la necesidad de donaciones pasó a un segundo plano.

Nueva llamada a las donaciones

Las donaciones no volvieron a ganar protagonismo hasta tres décadas después, cuando el Hospital impulsó diferentes iniciativas que, aunque incidían en la asistencia, no eran estrictamente asistenciales y, por ello, no eran cubiertas por la sanidad pública. Es el caso, por ejemplo, de la *Child Life*, una figura profesional que acompaña y da apoyo psicológico a los niños que deben someterse a intervenciones de gran complejidad mediante un juego simbólico.

El Hospital quería, además, impulsar la investigación de las enfermedades pediátricas, pero tenía muchas dificultades para obtener los fondos necesarios para hacerlo, porque, al tratarse de patologías minoritarias, su investigación no despierta el interés de la industria farmacéutica ni atrae fondos públicos, ya que afecta a un número muy limitado de personas.

Tres niñas impulsaron junto a otras familias de pacientes la asociación Pulseras Candela, y en 10 años han conseguido recaudar más de 4 millones de euros para la investigación del cáncer.

Por ello, el Hospital, que había nacido y crecido durante muchos años gracias a las aportaciones de la sociedad y que nunca había dejado de recibirlas en mayor o menor medida, volvió a pedir ayuda. Y comenzó a potenciar las acciones dirigidas a captar fondos —creó un departamento específico para esta labor— y en el año 2010 lanzó el programa Amics de l'Hospital con el fin de crear una red social de personas, empresas e instituciones dispuestas a colaborar.

Este programa, que fue presentado oficialmente con una fiesta en los jardines de L'illa Diagonal (donde durante muchos años estuvo ubicado el Hospital), proponía a la sociedad colaborar con el Hospital Sant Joan de Déu Barcelona aportando dinero, tiempo, o sus conocimientos y profesionalidad para hacer realidad los proyectos no estrictamente asistenciales.

El trabajo de la unidad de captación de fondos y el mensaje lanzado fue bien recibido por la sociedad. Desde entonces, muchos particulares y empresas lanzan iniciativas de todo tipo para recaudar fondos en beneficio del

Hospital: escritores que donan los derechos de autor de sus libros; policías que venden escudos; panaderos que venden cocas... Y muchas familias, muchas familias de pacientes, que organizan torneos, chocolatadas, carreras solidarias... para conseguir fondos que permitan avanzar en la investigación de las enfermedades que afectaron a sus hijos con el deseo que los niños que vengan después puedan recibir mejores tratamientos y menos agresivos.

Ellas, las familias, se han convertido en los mejores embajadores del centro. No solo recaudan fondos para el Hospital, sino que, con sus testimonios, animan al resto de la población a hacerlo. Gracias a todas las donaciones —de empresas, fundaciones y particulares— en el año 2023 se recaudaron 9,7 millones de euros para financiar el programa Hospital Amic, impulsar proyectos de investigación, mejorar y ampliar infraestructuras, adquirir equipos médicos de vanguardia, ayudar a las familias más vulnerables y financiar proyectos de cooperación internacional para niños de países más desfavorecidos.

Hoy es habitual ver las salas y espacios del Hospital llenos de niños de diferentes orígenes y procedencias. Muy lejos queda ya aquel centro de beneficencia creado con la mejor de las intenciones para atender a los niños pobres de Barcelona. Aunque repasando sus ciento cincuenta años de historia, se encuentran algunos paralelismos, a veces asombrosos, entre el pasado y el presente que ponen de manifiesto que el centro se mantiene fiel hoy a los valores con los que fue creado.

Un centro de todos para todos

El Hospital sigue siendo, como en sus inicios, un hospital de todos para todos. Así lo definió el hermano José Antonio Torre Gil, superior del Hospital en 1973, durante la ceremonia inaugural del nuevo centro en Esplugues: «Son más de cien mil familias de Barcelona —explicó— las que año tras año, han apoyado y sentido la labor realizada por los hermanos de San Juan de Dios con los niños enfermos o necesitados. ¡Vosotros sí que sois los verdaderamente hospitalarios! [...] Este apoyo incondicional, no solo ha sido económico, sino también espiritual: alentándonos a seguir adelante y conforme iba subiendo el hospital, alegrándose como si algo propio se estuviera levantando. Es porque

Ens feu
GRANS
GRACIAS
FUNDACIÓ BARÇA
Maria Ángeles Recolons
ESTEVE
ANDBANK
PARA LOS

Celebración del inicio de las obras del SJD Pediatric Cancer Center Barcelona, en octubre de 2018, con la presencia de muchos de los donantes que lo han hecho posible.

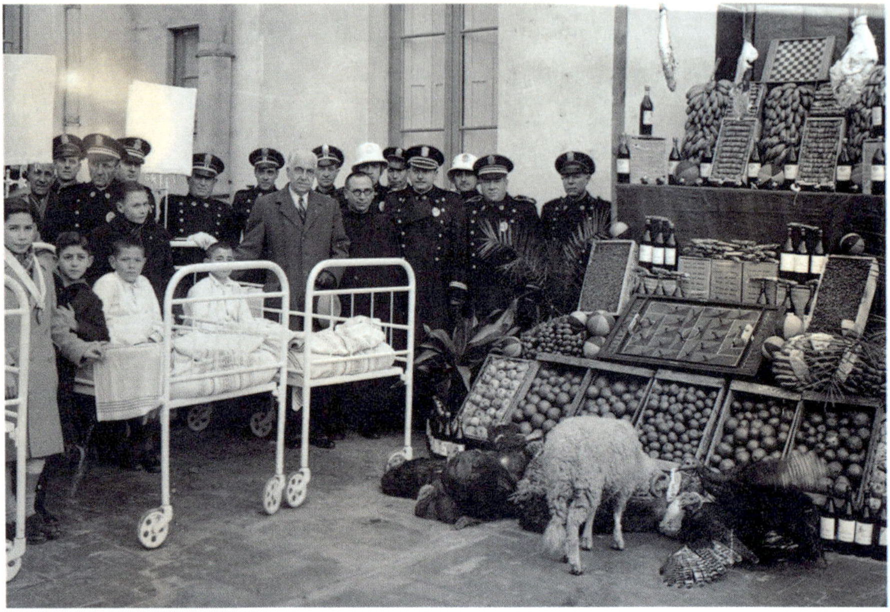

Desde sus inicios, el Hospital ha recibido donaciones de todo tipo. En la imagen, agentes hacen una entrega de alimentos.

desde sus inicios —hace ya más de un siglo—, San Juan de Dios en Barcelona ha sido obra de todos y para todos».

«Un centro de todos y para todos» también sería, cuatro décadas después, en 2017, uno de los lemas de la campaña Para los Valientes que el Hospital lanzó con el fin de captar los fondos necesarios para hacer posible la construcción del primer centro monográfico del cáncer infantil, el SJD Pediatric Cancer Center Barcelona. El mensaje, sin embargo, escondía un matiz distinto. En 1973, y desde su creación en 1869, el centro había focalizado la atención y su razón de ser en los niños enfermos de Barcelona, y había sido posible gracias a las donaciones de la población de Barcelona.

En 2017 ya vivíamos en un mundo globalizado, el Hospital se había internacionalizado y el objetivo del Pediatric Cancer Center iba más allá de las fronteras de Cataluña e incluso de España: nacía con el objetivo de ofrecer una esperanza y tratamiento a todos los niños del mundo afectados de cáncer, especialmente los más complejos. Y fue posible gracias a todos, aunque en esta ocasión este «todos» tenía un matiz distinto, porque ya no era solo la sociedad barcelonesa la que ayudó a hacer realidad el proyecto.

El Hospital consiguió reunir, entre el 15 de febrero de 2017 y el 18 de octubre de 2018, los 37 millones de euros necesarios para hacer frente a la construcción y equipamiento del centro. Además de 15 grandes donantes que aportaron cuantiosas cantidades económicas al proyecto –algunos de ellos internacionales–, el Hospital recibió donaciones de más de 150 empresas, y microdonaciones que más de 100.000 particulares consiguieron reunir para el proyecto organizando eventos y actividades de todo tipo en toda España.

Como este, son muchos los proyectos que, a lo largo de su historia, Sant Joan de Déu ha podido hacer realidad gracias a la colaboración de la sociedad civil: algunos más lejanos en el tiempo, como la creación del propio hospital o la construcción de un sanatorio en Calafell para el tratamiento de la tuberculosis; y otros mucho más recientes, como la construcción del Hospital de Esplugues y el SJD Pediatric Cancer Center.

Pero ¿cómo ha conseguido el hospital establecer una relación tan estrecha con la población de su entorno y contar con el apoyo de la sociedad siempre que lo ha necesitado para hacer realidad sus proyectos? Ángel M.ª Ramírez Bayona relata en el *Libro Azul* cómo el joven Benito Menni se ganó desde el principio el cariño y simpatía de los barceloneses:

> La figura del hermano «que no era español», se fue haciendo también cada día más estimada por todos; las gentes le saludaban al pasar; le daban los buenos días; quedaban satisfechos de que el hermano Benito Menni contestara a su saludo con una sonrisa franca y abierta. Sabían que iba a decir Misa a un convento de monjas que había cerca; observaban cómo a su regreso cada día cargaba con el cántaro de la leche para los niños. Muchas veces veían a su lado algún rapazuelo de esos que pocas veces tienen tiempo para lavarse la cara, asearse el cabello y usar pañuelo. Esos niños recibían, al principio, desde lejos, las acogedoras sonrisas del hermano hospitalario, un tanto recelosos; luego se le fueron acercando con alegre confianza y, por último, se iban con él tan contentos.
>
> Sabían que aquel día lo pasarían muy bien jugando con otros niños que estaban enfermos. Por la tarde, el niño volvía a su casa, aseado, limpio, con alpargatas y ropas nuevas. Todo era obra del hermano Benito, quien advertía a los chicos que no lo dijeran en casa; pero ellos lo propagaban a voz en grito, por todas partes. [...]

Estas posturas auténticas de los hermanos les conquistaban las simpatías del barrio, el «*bon dia*» o «*passi-ho bé, germà*» sonaban con más fuerza cuando el hermano pasaba.

Esta simpatía se ha mantenido, y se ha ido fortaleciendo y afianzando con los años. La sociedad barcelonesa ayudó a Sant Joan de Déu a nacer, le ha ayudado a crecer y hacerse enorme, y también le ha protegido y ha salido en su defensa cuando ha corrido peligro. Como sucedió, por ejemplo, durante las revueltas populares de la Semana Trágica, cuando los vecinos impidieron que el centro fuera incendiado.

Joan Vendrell i Campmany relata en su blog[4] que el 28 de julio, «un numeroso grupo de incendiarios» se congregaron ante el asilo con intención de prenderle fuego:

> El Superior de los Hermanos Hospitalarios, fray Lorenzo González, abrió las puertas del establecimiento y, dirigiéndose al grupo de exaltados que, impacientes aguardaban la orden de prender fuego, les dijo: «Ayudadnos a sacar fuera a estos niños inocentes y luego haced lo que queráis con el edificio». Seguidamente, hombres y mujeres entraron en el interior del establecimiento y se percataron de la existencia de unos doscientos niños enfermos e incurables, que estaban al cuidado de una veintena de Hermanos Hospitalarios de la Orden de San Juan de Dios. Se hizo el silencio, y no hubo voces disidentes cuando los cabecillas de aquel grupo dieron orden de dejar intacto el edificio. [...] Fue precisamente este mismo grupo quien regresó después a colocar banderas de la Cruz Roja en el tejado del Hospital de San Juan de Dios. Este excepcional proceder se convirtió en causa célebre, puesto que, durante el resto de la semana, ese mismo grupo les llevaron pollos, gallinas y conejos que muy probablemente habían robado de otros establecimientos religiosos antes de ser incendiados, para que nada de comida les faltara a los niños.

Y es que, para el hermano Ramírez Bayona, «en la mente de todos los barceloneses está bien grabada la idea de que el hospital de San Juan de Dios nació para el niño enfermo de familias necesitadas». «Quizá sea por eso —añade— por lo que el hospital ha sido querido y protegido por ricos y

Visita de los Reyes Magos a los niños ingresados en el antiguo Hospital de la Diagonal.

menos ricos; por obreros y campesinos, por universitarios y gentes no letradas, y que haya movido a los más a llegarse al hospital para comprobar, por sí mismos, el trabajo que se hace diariamente con el enfermo. Por la puerta del hospital —prosigue— han entrado trabajadores de todos los oficios, reyes y príncipes, artistas, estudiantes, obispos, sacerdotes; todos han llegado pensando en los niños, con la ilusión de saludarlos, de hacer algo por ellos. El niño enfermo de San Juan de Dios ha estado —está siempre presente— en el acontecer diario de las familias barcelonesas: el hospital ha penetrado tan profundamente en el pueblo que se hace difícil separarlo de él, sin que sufran quebranto los sentimientos más íntimos de las familias de la ciudad. Cualquier acontecimiento hogareño, de la índole que sea, es ocasión propicia para tener un recuerdo hacia los niños de San Juan de Dios».

Y es así como la cabalgata de los Reyes Magos acaba desde hace muchísimos años su recorrido en el hospital, y como muchos particulares y empresas donan un sinfín de juguetes que sus majestades reparten entre los niños. Y es así como numerosos escolares de Esplugues y Barcelona visitan el centro para cantar villancicos a los niños ingresados; como centenares de personas dedican voluntariamente una parte de su tiempo a acompañar a los pacientes; y como muchos artistas, deportistas y otros personajes populares hacen un hueco en su agenda para visitar el Hospital.

Hoy el Hospital Sant Joan de Déu Barcelona sigue manteniendo vivo el estrecho vínculo que Benito Menni y los hermanos de San Juan de Dios establecieron con la ciudad de Barcelona y con la sociedad barcelonesa hace más de ciento cincuenta años, y que los hermanos supieron estrechar también con Esplugues cuando el edificio fue trasladado a este municipio. Ahora, los profesionales y hermanos que prosiguen su labor trabajan con el anhelo de mantenerlo y ampliarlo más allá de sus fronteras.

Notas

1. El *Libro Azul* fue una de las iniciativas incluidas en una campaña promocional que Sant Joan de Déu lanzó en 1972 con el fin de recoger fondos para financiar el nuevo Hospital en Esplugues. La obra repasa la historia del centro hasta entonces y de las personas que lo hicieron posible.
2. La primera edificación del Hospital San Juan de Dios en Gracia lo ocupa, en la actualidad, el colegio Sant Miquel.
3. El hermano Ramón Ferreró era superior provincial cuando culminó el cambio que apunta en el *Libro Azul* y que supuso el traslado e inauguración del Hospital a Esplugues de Llobregat.
4. Blog de Joan Vendrell i Campmany: https://vendrellcampmany.blogspot.com/2018/12/en-el-transcurso-de-la-semana-tragica.html

Bibliografía

«125 años de servicio a la comunidad», *Información y Noticias* de los Hermanos de San Juan de Dios, núm. 123, enero de 1992.

«El Hospital de niños de San Juan de Dios inicia su tercera etapa», *Información y Noticias* de los Hermanos de San Juan de Dios, núm. 10, abril de 1973.

«L'Hospital que hem fet», Hospital Sant Joan de Déu, Barcelona 1973-1998, Barcelona, octubre de 1998.

Asilo-Hospital de San Juan de Dios, Barcelona, Indust. Gráf. H. de J. Thomas, 1929.

Ciudad, Juan: *El resurgir de una obra*, José Cruset. Archivo Interprovincial, Granada.

El asilo hospital de San Juan de Dios: 1922. [s.n.].

Hospital San Juan de Dios: *Libro Azul*, Esplugas de Llobregat, 1974.

Hospital Sant Joan de Déu, *Memorias*, 1973-2000.

Labor Hospitalaria, Barcelona, Año XXII, vol. 22, p. 3.

Plaza Montero, Joaquín: *Memòria social. Hospital Sant Joan de Déu. 125 anys d'història*. Hospital Sant Joan de Déu, Barcelona, 1995.

Vendrell i Campmany, J.: «150 aniversario de la inauguración de la primera casa de la restauración de la Orden Hospitalaria de San Juan de Dios», *España. Revista Archivo Hospitalario*, núm. 15, 2017.